Über das flache Land zur Waterkant

Dieter Seelmann (Hrsg.)

Über das flache Land zur Waterkant

DIE SCHÖNSTEN LUFTBILDER GESTERN UND HEUTE

CHRISTIANS

Abbildungen auf dem Umschlag
vorne: Burgtiefe auf Fehmarn
hinten: Helgoland

CIP-Kurztitelaufnahme der Deutschen Bibliothek

Über das flache Land zur Waterkant: d. schönsten Luftbilder gestern u. heute / Dieter Seelmann (Hrsg.). – Hamburg: Christians, 1984.

ISBN 3-7672-0872-5

NE: Seelmann, Dieter [Hrsg.]

Aufnahmen Deutsche Luftbild W. Seelmann & Co., Hamburg
Fotograf Bernhard Lisson, Freigabenummern Seite 127
Gesamtgestaltung Claus Harcken, Hamburg
Herstellung Hans Christians Druckerei, Hamburg
ISBN 3-7672-0872-5
Printed in Germany

Inhalt

Die erstgenannte Seitenzahl verweist auf die Abbildungen, die zweite auf den begleitenden Text

Vorwort

Jeder wird Zeuge von Veränderungen, in der Architektur ebenso wie im Lebensanspruch, in der Verkehrspolitik nicht minder als in der Landschaft. Wir sind ständig unterwegs, finden neue Entwürfe für unser Zusammenleben, korrigieren das Vorgefundene und werden gewiß eines Tages selbst korrigiert werden. Ein Ziel, an dem die „Wünsche sich schlafen legen", ein Ziel gesellschaftlicher Entwicklung, an dem alles erreicht ist, kann ich mir nicht vorstellen. Dennoch träumen wir von ihm, und um uns ihm in gutem Glauben anzunähern, ändern wir das Bestehende, und zwar so, wie es uns entspricht. Freilich, was uns entspricht, das bezeichnet uns auch; die Bedürfnisse, die wir äußern, charakterisieren uns bereits; die Veränderungen, die wir vornehmen, sind Angaben zur Identität.

Gewißheit darüber liefert uns allemal der geduldige, der einträgliche, der erhellende Vergleich. Etwas mit einem andern zu vergleichen, das heißt ja nicht nur, den Unterschied aufzuspüren, es heißt ebenfalls: bestimmen, festlegen. In der Lust, zu vergleichen, regt sich die Neugierde auf Erkenntnis: worin fallen Einst und Jetzt auseinander, warum ist es anders geworden, was verrät die Entwicklung? Der Vergleich gibt Aufschluß über die anderen und uns, über das Gestern und Heute.

Die Luftaufnahmen dieses Bandes sind eine Einladung zum Vergleich, und damit eine Einladung, auf Entdeckungsreise zu gehen. Es sind Bilder von Städten und Landschaften, die im Abstand von zwanzig bis dreißig Jahren aufgenommen wurden – mitunter aus fast gleicher Perspektive. Welch ein Einblick! Welch ein vielsagender Beleg für Veränderung! Aus der Luft verglichen, wird da manches erkennbar, was dem erdnahen Sucher nicht ins Auge fällt.

Plötzlich, beim Vergleich von Städten und kleinen Häfen, wird deutlich, in welcher Weise der Massentourismus als rabiater Erwecker verschlafener Gegenden wirkte – mit Bettenbergen und Fleischbändern. Die Verwandlung stiller Fischerhäfen in Liegeplätze für unzählbare schmucke Jachten verweist sogleich auf Freizeitwünsche der Wohlstandsgesellschaft. Und dort, in der kleinen Bucht, wo noch vor kurzer Zeit der Wind durchs Schilf ging, reckt sich jetzt ein kolossaler Wohnturm mit Appartments.

Aber vergleichende Bildbetrachtung gibt uns auch einen Eindruck vom Aufbauwillen unserer Mitbürger: ein Ruinengelände erinnert die Mieter eines Wohnbezirks an die Gesichter des Krieges. Und diese enorme Werft, auf der heute Riesenschiffe im Dock liegen, bot nach der Verwüstung durch Bomben eine andere Ansicht.

Vieles fällt ins Auge, ergibt sich durch den Vergleich: die Funktion der kühnen Köhlbrand-Brücke etwa, die Probleme der Stadtplanung in Barmbek, die zeitgemäße Nutzung des weiten Marktplatzes in Heide oder die Forderungen des Straßenverkehrs in Oldenburg. Doch wie von selbst bringt der Vergleich noch etwas anderes mit sich: Wir fühlen uns aufgefordert, die Qualität der Veränderung zu bestimmen, also ein Urteil darüber abzugeben, was wir selbst aus Stadt und Land in relativ wenigen Jahren gemacht haben.

Siegfried Lenz

Die modernen Appartementhäuser und Kuranlagen bestimmen das neue Gesicht von **Westerland auf Sylt,** der beliebtesten Ferieninsel der Nordseeküste. (Luftaufnahmen von 1962 und 1981)

Folgende Seiten: **Hallig Hooge,** meerumspült und stets gefährdet, bei Sturmflut und normalem Wasserstand. (Beide Luftbilder von 1981)

Schleswig mit seinen beiden
Wahrzeichen aus zwei verschiedenen
Zeitaltern: vorn der »Wiking-Turm«,
hinten rechts der Dom.
(1957/1984)

Eckernförde und sein Hafen
beiderseits der alten Klappbrücke:
Auch heute noch prägen Fischkutter
das romantische Bild des Hafens.
(1955/1984)

GETREIDE AG
GETREIDE AG

Die »Howaldt-Werft« in **Kiel,** auf dem rechten Bild in Trümmern, links wiederaufgebaut und erweitert zur »Howaldtswerke-Deutsche Werft AG«. (1959/1984)

Kiel-Schilksee – das Mekka der Segler aus aller Welt.
Rechts: Großzügiger Ausbau für die Olympischen Spiele 1972.
(1966/1978)

Zwei verkehrstechnische Meisterleistungen in **Rendsburg:** die alte Drehbrücke, 1913 erbaut, und der neue Kanaltunnel, der 1961 eröffnet wurde.
(1957/1984)

Heiligenhafen – aus der verträumten Kleinstadt an der Ostsee ist ein beliebter Kur- und Badeort mit allen modernen Ferienanlagen geworden. (1957/1984)

Ein Hotel, einige Pensionshäuser und eine Burgruine – bis 1970 war die schnelle Entwicklung der Halbinsel **Burgtiefe** zum Ferien- und Kurzentrum mit eigenem Jachthafen nicht zu ahnen.
(1958/1975)

Das ältere Bild zeigt die ersten Kiesaufschüttungen für die Dämme dieser verkehrstechnisch bedeutenden, gleichwohl ästhetisch gelungenen Brückenverbindung über den **Fehmarnsund.**
(1960/1966)

Das »Bad an der Sonnenseite« – auch **Grömitz** hat sein Gesicht in der Umgebung der alten Strandhalle (Bildmitte) radikal verändert. Aus dem gemütlichen Familienbad ist ein großzügiger, vielbesuchter Ferien- und Kurort geworden. (1955/1982)

Timmendorfer Strand, schon als Seebad geplant, veränderte sein Ortsbild kontinuierlich, um den Feriengästen alle zeitgemäßen Kur- und Freizeitmöglichkeiten bieten zu können. (1957/1982)

Um den alten Fischereihafen herum hat sich **Niendorf** seinen intimen, romantischen Charakter weitgehend bewahrt.
(1956/1980)

maritim
PASSAT

Travemünde und das Hotel »Maritim« mit dem höchsten Leuchtfeuer der Welt (115 m). Vorne die »Passat«, das Schwesterschiff der 1957 gesunkenen »Pamir«. (1966/1980)

Die alte Hansestadt **Lübeck** mit ihren Kirchen (links ohne Turmspitzen) und inzwischen restaurierten Patrizierhäusern. Vorne das Wahrzeichen der Stadt: das 500 Jahre alte Holstentor.
(1956/1966)

Das umweltfreundliche **Pumpspeicherwerk Geesthacht** war zwei Jahre lang Europas größte Erdbaustelle. (1956/1957/1975)

APOTHEKE

Das Wahrzeichen der Freien und Hansestadt **Hamburg,** die **St. Michaelis-Kirche,** liebevoll »Michel« genannt, überragt die Baulücken (links), die der Krieg schlug. Heute ist die Kirche von neuen Büro- und Appartementhäusern umgeben. (1955/1984)

Der **Rathausmarkt** in **Hamburg** inmitten der nahezu unzerstört gebliebenen Häuserkomplexe um das alte Rathaus. (1958/1982)

Das im Kriege fast vollständig zerstörte Areal um die **Hamburger Straße** in **Hamburg-Barmbek** zeigt sich heute großstädtisch und den neuen, verkehrstechnischen Anforderungen angepaßt. (1955/1984)

Der schnelle Ausbau der Hafenbecken und Kaianlagen verdeutlicht die dramatische Entwicklung im **Hamburger Hafen.** Neben dem ausgedehnten Container-Terminal Waltershof und der neuen Autobahn bestimmt vor allem die elegante Köhlbrandbrücke das ganz von der Technik geprägte Panorama. (1968/1980)

Nahe der **Autobahntankstelle Stillhorn** entstand in wenigen Jahren der Hamburger Stadtteil Kirchdorf-Süd mit Sportanlagen und allen Versorgungseinrichtungen. (1955/1984)

Von der alten Villa an der **Elbchaussee** in **Hamburg** sind nur die beiden Vogelfiguren übriggeblieben, die nun ein modernes Terrassenhaus schmücken. (1955/1984)

Das 1928 ans Netz gegangene Kraftwerk in Schulau (80 MW) wurde durch das 1965 voll ausgebaute **Kraftwerk Wedel** (600 MW) ersetzt. Die obere Aufnahme zeigt den Baubeginn.
(1958/1982)

Die ehemals an der Elbe gelegene Hafen- und Handelsstadt **Stade** – heute eine lebendige Kleinstadt vor den Toren Hamburgs – hat ihre mittelalterliche Struktur fast unverändert erhalten. (1957/1978)

Die alte Windmühle bei Twielenfleth markiert eine kleine Straßenkreuzung in den **Elbmarschen,** dem einst schwer errungenen Land hinter den Stromdeichen. (1955/1984)

Neben der alten Schwebefähre in **Osten** wurde inzwischen eine Brücke für die Bundesstraße 495 gebaut, die Fluß und Deiche überspannt.
(1955/1984)

Brunsbüttel, die Kanal- und Schleusenstadt, ist in den siebziger Jahren zu einem beliebten Standort für die Erdöl- und Chemieindustrie geworden. Im Hintergrund ist die neue Kanalhochbrücke (1983 fertiggestellt) zu sehen. (1956/1984)

In **Itzehoe** hat die Überbauung der Stör-Schleife, die früher die alte und neue Stadt trennte, das Ortsbild grundlegend verändert. (1972/1984)

In **Heide,** dem ehemaligen Hauptort der Bauernrepublik Dithmarschen, liegt der mit über 40000 qm größte Marktplatz der Bundesrepublik.
(1955/1982)

SARRASANI

Die neuen Kuranlagen mit allen modernen Bade- und Freizeiteinrichtungen machen die ehemalige »Sommerfrische« **St. Peter-Ording** zu einem der meistbesuchten Ferienzentren an der Nordsee.
(1958/1984)

Der neue Ort auf der Nordseeinsel **Helgoland,** die nach 1945 als Bombenübungsziel dienen mußte, ist auf dem Reißbrett entworfen worden. (1958/1969)

Links der seit 1923 ungenutzte Leuchtturm auf der Sandbank **»Meyerslegde«** in der Außenweser, rechts oben der vom Einsturz bedrohte Leuchtturm **»Rotesand«,** darunter der 1964 als Ersatz erbaute Leuchtturm **»Alte Weser«.** (1958/1966)

Am alten Rundbau der Columbuskaje in **Bremerhaven** legten einst Luxusliner und Auswandererschiffe ab (abgebildet sind links die »Amerika« und die »Bremen«). Das heutige Bild bestimmt eine moderne Stückgutumschlaganlage – im Bildhintergrund die »France«, die zum Kreuzfahrtschiff »Norway« umgerüstet wird. (1961/1982)

Seitlich des Anlegers für die Versorgung Wangerooges ist neben **Harlesiel,** einem Ortsteil Carolinensiels, auch ein großer Campingplatz mit beheizbarem Schwimmbad entstanden.
(1957/1984)

Norddeich, ältester Badeort an der ostfriesischen Küste, ist zum staatlich anerkannten Nordseebad (1979) mit ausgedehnten Ferienhaussiedlungen und einem modernen Meerwasserbad geworden. (1964/1978)

In den letzten 30 Jahren sind in **Emden** die Lücken der Luftangriffe von 1944 weitgehend geschlossen worden. Zwei- bis dreigeschossige Wohnreihenhäuser bestimmen das Gesicht der einstmals prächtigen Seehafenstadt. (1957/1984)

Oldenburg, der kulturelle und administrative Mittelpunkt der Weser-Ems-Region, stellt sich heute als lebendige Großstadt mit menschlichen Maßstäben dar. (1956/1984)

Rund um den Hauptbahnhof in **Bremen** ist ein großstädtisches Geschäfts- und Hotelviertel entstanden; die Aufnahme rechts zeigt mit der Stadthalle und der zu Volksfesten benutzten »Bürgerweide« das heutige Bild. (1956/1984)

SIEMENS

In den vergangenen Jahrzehnten wuchs die Stadt **Bremen** mit Industriebauten und Fernsehstudios an das inzwischen begrünte Autobahnkreuz heran.
(1963/1984)

Eine technische Meisterleistung: Bei **Minden** überquert der Mittellandkanal auf einer 375 Meter langen Überführung die Weser. Parallel dazu wurde eine vierspurige Straßenbrücke gebaut.
(1959/1976)

Die Bahnhofstraße in **Hannover** wurde Fußgängerzone. Neu entstanden ist auch der geschlossene Kaufhauskomplex am fast unveränderten Bahnhofsvorplatz. (1958/1978)

DB
KAUFHOF
SPARKASSE

Die beiden Luftbilder lassen die städtebaulichen und architektonischen Veränderungen im Stadtbild der alten Salzstadt **Lüneburg** nur ahnen. Der sorgfältig restaurierte historische Ortskern wird inzwischen von weiteren Neubausiedlungen umgeben. (1955/1982)

Technische Ästhetik: die Rangier-Großanlage der Bundesbahn in **Maschen** im ersten Bauabschnitt und nach der Fertigstellung. (1972/1979)

Westerland auf Sylt

Der Meeressaum vor der Ufermauer Westerlands zeigt deutlich die Achillesferse des 1855 gegründeten Bades. Nur dank der Sandverspülungen von 1972, 1978 und 1984 widerstand sie der starken Brandung, die an Sylt nagt. Von 466 Einwohnern des alten Dorfes stieg die Zahl auf 2292 bei der Stadtgründung 1905 und beträgt heute knapp 10 000.

Die beiden entscheidenden Bauphasen brachen vor dem Ersten Weltkrieg und nach 1960 über Westerland herein.

Das Bild aus dem Jahre 1963 zeigt das Meerwasserwellenbad im Bau. Nach seiner Einweihung – der Bau der Kurliegehalle und des Schlickbades 1953 und 1956 hatten bereits eine verlängerte Saison zur Folge – explodierte mit dem Zustrom der Gäste die bauliche Entwicklung. Das erste Appartementhaus datiert von 1961. Seither entstanden etwa 4600 Ferienwohnungen. Die eigentliche Verdichtung liegt im Bereich des Kurzentrums, wo der Versuch einer Sanierung völlig veralteter Bausubstanz 1969 viel Kritik wachrief. Als 1972 der Projektierung von „Atlantis" durch das Land ein Riegel vorgeschoben wurde, stand man in dem ohne spezielles Baurecht wie eine Goldgräberstadt gewachsenen Bad vor riesigen Problemen. Auch das Bundesbaugesetz von 1960 ließ es zunächst nicht zu, die Bebauung harmonischer zu gestalten. Veränderungssperren und der auf höhere Weisung entstandene Planungsverband brachten Zeitgewinne, aber keine Lösung. Nur nach und nach gelang es durch Bebauungspläne hieb- und stichfeste Regelungen zu schaffen, die nicht in Schadensersatzprozesse um Millionenbeträge einmündeten. Der Beliebtheit des Seebades tat das, läßt man Zahlen sprechen, keinen Abbruch.

Viele Kurgäste erwarben Zweitwohnungen. Nicht wenige davon in der Absicht, in der anregenden Atmosphäre der Kurstadt ihren Lebensabend zu verbringen. Waren 1970 noch 50 Prozent der angebotenen Betten in Privathäusern und 28,5 Prozent in Hotels und Pensionen, so änderte sich das radikal: 50 Prozent befinden sich heute in Ferienwohnungen. 1983 machten etwa 130 000 Kurgäste in Westerland Urlaub. 1,8 Millionen Übernachtungen wurden registriert. Hinzu kommen etwa 14 000 Camper mit 160 000 Übernachtungen.

70 Prozent der Kurgäste kennen das Bad von früheren Aufenthalten. Ein Indiz für seine Anziehungskraft. Große Wertschätzung findet Westerland als Tagungsstätte. Das 1982 fertiggestellte Kurmittelhaus, ganzjährig geöffnet, schließt an das Meerwasserwellenbad an. Beide sind Anlaufpunkte für Kurgäste, die den Komfort einer urbanen Stadt schätzen, die nicht nur Erholung, sondern auch Abwechslung bietet. (Abb. Seite 8)

Hallig Hooge

Das Foto der Kirchwarft von Hallig Hooge demonstriert eindringlich, wie sehr die Bewohner den Gewalten des Meeres ausgeliefert sind. Der Sommerdeich vermag zwar vor kleineren Sturmfluten Schutz zu bieten, aber wenn das Wasser höher als 3,25 Meter steigt, fließt es über die Deichkrone ins Land. Erst 30 Stunden nach dem Rückgang der Hochflut sind die Straßen dann wieder passierbar.

Hooge ist mit 594 Hektar die zweitgrößte unter den zehn Halligen im nordfriesischen Wattenmeer. Nur Langeneß, das 900 Hektar mißt, ist größer. Alle Halligen sind Reste von Festlandmarschen, die im 11. Jahrhundert durch Sturmfluten untergingen. Die alten Wasserläufe wurden zu Prielen, in die mit jeder Flut das Wasser zuerst einfließt.

Wer dem kleinen Eiland in ruhigen Sommertagen einen Besuch abstattet, kann sich kaum vorstellen, mit welcher Schnelligkeit und Macht das Wasser der Nordsee sie immer wieder in Besitz nimmt. Nur die etwas über fünf Meter aufragenden Wohnhügel – auf Hooge gibt es zehn – bieten Schutz für Mensch und Tier. Das Baujahr der Kirche ist nicht bekannt, darf aber vor 1640 datiert werden. Ihr niedriger Raum vermittelt eine starke, eindrucksvolle Atmosphäre. Von der Kanzel mit den plattdeutschen Inschriften, deren Tür ein Grönlandfahrer auf See schnitzte, mußte in vergangener Zeit oft Witwen und Waisen Trost zugesprochen werden, wenn ein Ehemann oder Vater nicht zurückgekehrt war. Die Männer mußten zur See fahren, denn das karge Land, dessen Heuernten oft Sommerstürmen zum Opfer fielen, konnte seine Bewohner zu keiner Zeit ernähren.

Als bedeutendste Sehenswürdigkeit der Hallig gilt neben der Kirche der „Königspesel". Hier übernachtete 1825 – ein Jahr, in dem am 3. und 4. Februar grauenhafte Stürme in ganz Nordfriesland verheerende Schäden anrichteten – der dänische König Friedrich IV. Am ärgsten betroffen war Hooge, hier ertranken 25 Menschen. Reste der damals untergegangenen Fedder-Bandix-Warft liegen heute 150 Meter vor dem 1927/28 erbauten Steindeich.

Das „Todtenregister von Hooge" enthält für das Jahr 1825 die Eintragung: „Drey Särge wurden durch die Fluth aus ihren Gräbern fortgerissen, sind bei Pellworm wieder gefunden und bey der alten Kirche beerdigt worden." Der dänische König ließ die Kirche wieder erneuern, wie eine Gedenktafel bezeugt. 1959 erhielt sie eine Orgel, in demselben Jahr, in dem die Hallig an das elektrische Versorgungsnetz angeschlossen wurde. (Abb. Seite 10)

Schleswig – Stadt der Türme

Nur nachts, wenn mehrere tausend Watt aus den Scheinwerfern den dunkelroten Backsteinbau aus dem 13. bis 15. Jahrhundert in blau-grünes Flutlicht hüllen, nur dann noch erhält der Schleswiger Dom, der gotische Hallenbau mit seinem 112 Meter hohen Turm, den Glanz von einst und ist das von weither erkennbare Wahrzeichen Schleswigs, der ältesten Stadt im Lande.

Tagsüber jedoch bestimmt ein anderer Turm die Skyline der historischen Schleistadt. Er ist zwar 27 Meter niedriger als der Dom-Turm, dafür aber kräftiger; auffällig weiß ist er und thront am äußersten Zipfel der Schlei, im Wasser stehend, über der 31 000-Einwohner-Stadt. Der „Wiking-Turm", auch „Sorgen-" oder „Pleite-Turm" genannt, hat nicht nur Schleswigs Aussehen verändert, sondern auch mit entscheidend zu einer Strukturveränderung der Stadt beigetragen.

Im April 1970 stellte „Sonnenland"-Chef Horst-Günther Hisam – als ehemaliger Bürgermeister von List auf Sylt bestens mit der Freizeit-Konjunktur vertraut – sein rund 30 Millionen Mark teures Projekt vor: „Wir bauen nicht für die Saison 1972, sondern für das Jahr 2000!" Der 22stöckige, achteckige Turm sollte ins Wasser gebaut werden; Freizeitanlagen, Terrassenappartements und ein Sportboothafen würden das adäquate Ambiente bilden, hieß es damals.

Für die Stadtverwaltung und die kommunalen Politiker kamen diese Pläne gerade im rechten Moment. Denn schon seit geraumer Zeit machte man sich Gedanken darüber, wie denn die „Gaswerkhalbinsel" künftig genutzt werden könne. Das größte im Wasser stehende Wohngebäude der Bundesrepublik wurde zur größten Bauruine des Nordens und konnte erst nach fast zehnjährigen Querelen und unzähligen Zwangsversteigerungsrunden fertiggestellt werden.

Und jetzt thront der (bewohnte) Turm über der Stadt und scheint auch andere ins Wasser gelockt zu haben. Wassersportler entdecken das idyllische Revier in unmittelbarer Nähe der Stadt. Und die wiederum schickt sich an, nicht nur ins Jahr 2000 zu blicken, sondern ebenfalls zurück in die Vergangenheit. Auch die kunst- und kulturhistorischen Schätze dieser Stadt bleiben nicht verborgen. Und die werden mit Sicherheit das Jahr 2000 noch erleben. (Abb. Seite 12)

Eckernförde

Die eßbaren „Kieler Sprotten", so sagt man, die leckergeräucherten in den urigen Holzkisten, kommen aus Eckernförde. Und noch etwas verbindet die beiden Städte, die immerhin 28 Kilometer voneinander entfernt liegen: Der Sage nach erstreckten sich einst riesige Eichenwälder von der kleinen Siedlung aus in Richtung Süden. Sie beherbergten unzählige von Eichhörnchen, die von Baumkrone zu Baumkrone hüpfend von Kiel nach Eckernförde gelangen konnten, ohne nur einmal den Erdboden zu berühren. Heute ist das Eichhörnchen im Eckernförder Stadtwappen abgebildet.

In den beiden Anekdoten liegt versteckt auch das Geheimnis für den wirtschaftlichen und sozialen Erfolg der heute rund 23 000 Einwohner zählenden Fördestadt. Zunächst die Fischerei: Sie bildete traditionell von jeher die Basis des wirtschaftlichen Lebens Eckernfördes und ist bis heute – fast ungewöhnlich für vergleichbare und auch größere Städte an der Ostseeküste – lebendig geblieben. Auf beiden Abbildungen sind die Schiffe der Fischkutter-Flotte beidseitig der nostalgischen Klappbrücke, die sich über den Binnenhafen spannt, deutlich an der Hafenpier zu erkennen.

Die Nähe zu Kiel: Sie ist sicherlich unentbehrlich für den enormen Auftrieb im Handel gewesen. Die Produkte der fischverarbeitenden Industrie, der Räuchereien und Konservenfabriken waren zunächst die traditionellen Handelsartikel, die andere folgen ließen. Der Hafenumschlag liegt in den vergangenen Jahren bei 60 000 Tonnen, meist Getreide, Ölsaaten, Fette, Baustoffe und Düngemittel. Silos beherrschen die Südseite der Innenförde, die größeren Frachter können heute nicht mehr die schmale Durchfahrt der Klappbrücke passieren.

Die Umgebung: Wälder, Grün, Strand und Wasser. Sicherlich, die kleinen Eichhörnchen wurden verdrängt, Kur- und Badebetrieb bestimmen das Bild. Schon 1831 wurde Eckernförde Seebad, ist heute außerdem Heimathafen für eine große Flotte von „Butterschiffen", die täglich unzählige Male zu Fahrten in die Ostsee und nach Dänemark ablegen.

Die Stadt hat sich wie kaum eine andere auf die neue, moderne, touristische Entwicklung eingestellt und dabei Traditionelles und Überliefertes bewahrt: In den siebziger Jahren gestalteten die Stadtplaner die alte Innenstadt (teilweise aus dem 16. Jahrhundert) völlig neu. Eine attraktive Fußgängerzone wurde angelegt, der Autoverkehr weitgehend aus dem Innenstadtbereich herausgezogen, die Quartiere mit den schmalen Giebelhäusern und die Kleinbürgerhäuser wurden restauriert. (Abb. Seite 14)

Kiel, die Fördestadt

Vor 40 Jahren, am 13. Dezember 1943, einem Montag, ertönte das schaurige Heulen der Luftschutzsirenen und trieb die Menschen in die Schutzräume. Kiel war das Angriffsziel eines größeren Bomberverbandes der 8. USAAF. Am Himmel erschienen die in der Sonne silbrigglänzenden Bomber in Staffeln abgesetzt und warfen ihre tödliche Last auf die gepeinigte Stadt. Als die Sirenen um 13.58 Uhr Entwarnung gaben, war Kiel ein Flammenmeer. Am schwersten waren die ehemaligen ‚Deutschen Werke' und der Stadtteil Ellerbek betroffen. Allein die Werft wurde von 173 Spreng- und 2500 Brandbomben sowie 35 Phosphorkanistern getroffen." So lautete der erschütternde Bericht eines Augenzeugen. Bis heute sind noch längst nicht alle Kriegsfolgen in Kiel beseitigt: 44 100 Sprengbomben aller Kaliber und 487 000 Brandbomben der verschiedensten Arten prasselten auf die Werft- und Marinestadt an der Förde, legten 80 bis 90 Prozent des Innenstadt-nahen Bereichs in Schutt und Asche, 2263 Menschen starben während der Angriffe.

Das Wasser: Die Howaldt-Werft, die Germania-Werft und die Kaiserliche Werft (seit 1919 Reichswerft und 1925 Deutsche Werft AG) sowie Marinemetropole mit der „schwimmenden Wehr" machten Kiel zur Zielscheibe während des Krieges.

Die „neuen" Howaldtswerke-Deutsche Werft AG sind heute Kiels größter Arbeitgeber. Kiel ist ein Marinestützpunkt, in dessen Hafen sich auch ausländische Marine-Einheiten heimisch fühlen. Der „Kiel-Canal" ist die meistbefahrene künstliche Wasserstraße der Welt. Für den Fährverkehr ist Kiel das „Tor zum Norden": Täglich verkehren Fährschiffe nach Norwegen und anderen skandinavischen Häfen (mit der Jahre-Line, Stena Line und Dänemark-Linien).

Die Stadt am Wasser, das Maritime bestimmt das Stadtbild: weiße Masten und weiße Geländer in der Fußgängerzone wie am Hafen. Weiße Segel der rund 5000 Sportboote im Binnen- und Wirtschaftshafen: Das Wasser ist Kiels größter Freizeitfaktor. Nach dem Kriege, 1946, lebten 183 687 Menschen in der Fördestadt, heute sind es über 270 000 „Kieler Sprotten". (Abb. Seite 16)

Schilksee – ein Paradies für Segler

Egal, wo man die Frage stellt, in Long Beach/USA, in Tallinn/UdSSR, in Australien, Griechenland oder Dänemark: „Das Mekka der Segler?“ „Kiel-Schilksee natürlich!“

So selbstverständlich, wie diese Antwort gegeben wird, so wenig vorstellbar war es noch vor wenigen Jahrzehnten, daß der einstige Gutsbezirk einmal Zuhause und Dorado Tausender von Sportseglern werden würde: Vor 200 Jahren gab es in Schilksee noch 64 Leibeigene, von weißen Segeln keine Spur. Sie zogen an Schilksee vorbei, hinein in die Förde, meist Frachtsegler, Kiel war ihr Bestimmungshafen.

Und auch dort ging es mit der sportlichen Seefahrt erst viel, viel später los: 1882 nämlich, als in der Binnenförde eine Handvoll Segler ihre erste Regatta austrug. Um 1920 gab es in Schilksee eine kleine Fischersiedlung.

Erst vor 25 Jahren wurde die selbständige Landgemeinde Schilksee in die Landeshauptstadt Kiel eingemeindet. Und in diesem Vierteljahrhundert hat sich Schilksee mehr verändert als in Jahrhunderten zuvor. Zwei Beispiele: Seit 1959 stieg die Einwohnerzahl von 1160 auf inzwischen rund 6000 an; die Zahl der Liegeplätze von 50 auf jetzt rund 500.

Den enormen Aufschwung, den Boom, brachten die olympischen Segelwettbewerbe, die 1972 vor Schilksee ausgetragen wurden – die beiden Luftbilder sprechen Bände. Links das Schilksee nach 1962, schon im „Aufwärtstrend“, mit knapp 300 Liegeplätzen für Jollen, Fahrtenyachten, „Regatta-Rennziegen“. Hafenanlagen und Infrastruktur lassen Wünsche offen, dominierend im Hafenvorfeld sind die Baracken und Anlagen eines Marine-Depots.

Sie verschwinden nach dem Olympia-Ausbau vollständig, werden von Terrassenhäusern, Clubräumen der Segelvereine und einem Hotelhochhaus verdrängt. Gastronomie, eine Schwimmhalle (auch im Sommer geöffnet!) und vor allen Dingen das jetzt vollkommen neugestaltete Leistungszentrum des Deutschen Segler-Verbandes unterstreichen das Maritime des Stadtteils. Der Hafen ist nach Norden um weitere 200 Liegeplätze erweitert worden. – Olympia sei Dank! (Abb. Seite 18)

Rendsburg als Verkehrsknotenpunkt

Wieder einmal, wie schon seit Jahrhunderten, stand die Stadt im Mittelpunkt des Verkehrsgeschehens im Lande: Am 25. Juli 1961 wurde der damals mit Abstand größte Straßentunnel der Bundesrepublik eröffnet. Mit 640 Metern geschlossener Tunnelstrecke und 639 Metern halboffener Zufahrtsrampe war dieser Tunnel fast dreimal so lang wie der alte Hamburger Elbtunnel.

Der Bau des Rendsburger Kanal-Tunnels ist für die Stadt so etwas wie eine „Jahrhundert-Entscheidung" gewesen, aus heutiger Sicht unerläßlich. Bis zum 25. Juli 1961 nämlich wurde der gesamte Autoverkehr, der die Stadt beiderseits des Nord-Ostsee-(oder auch Kiel-)Canals verband, über eine Drehbrücke aus dem Jahr 1913 abgewickelt. Auf dem Foto ist die geöffnete Brücke, die gerade ein Frachtschiff passieren läßt, deutlich zu erkennen. 12 000 Autos kreuzten zu jener Zeit täglich den Kanal, heute ist es ein Vielfaches. Für durchschnittlich 220 Schiffe täglich mußte regelmäßig der Straßenverkehr gestoppt und die Brücke geöffnet werden – eine unvorstellbare Belastung. Dennoch vergingen von der ersten Planung zum Tunnelbau bis zu seiner Eröffnung exakt 25 Jahre.

Zehn Jahre später wurde dieser Tunnel schon wieder entlastet: In Verbindung mit dem Bau der Autobahn Flensburg/Hamburg (A 7) wurde eine architektonisch beeindruckende Brücke über den Kanal in Höhe der Rader Insel gespannt.

Der zentralen Lage verdankt Rendsburg zwar die einst erheblichen verkehrstechnischen Schwierigkeiten, aber auch seine lange Geschichte. Die Stadt, „mitten" in Schleswig-Holstein war in der Vergangenheit strategisch wichtiger (Festungs- und Garnisons-)Ort für Dänemark und die Herzogtümer Holstein und Schleswig, lag an den Handelswegen sowie an den Schiffahrtswegen (zunächst an der Eider, dann am Eiderkanal und schließlich am Kiel-Canal). Davon profitiert die Stadt noch heute: Rechtzeitig wurde eine vorbildliche Infrastruktur geschaffen, die Rendsburg zu einem attraktiven Zentrum auch für Handel, Handwerk, Industrie, aber auch zum beliebten Veranstaltungsort für Messen, Kongresse und Ausstellungen gemacht hat. (Abb. Seite 20)

Das Ostseeheilbad Heiligenhafen

Unser Luftbild von damals läßt sich so beschreiben: „Heiligenhafen, eine Kleinstadt mit 3500 Einwohnern, geprägt vom mittelständischen Handel und Handwerk sowie von der Küstenfischerei, Ostseebad."

Die der Stadt vorgelagerte Dünenhalbinsel ist eine Schöpfung der Natur. Die Meeresbrandung hat bei Stürmen vom nahen Steilufer Sandmengen mitgerissen, die Strömung hat sie ostwärts getragen und abgelagert. So entstanden sie, der „Steinwarder" und der „Graswarder", die gut sichtbaren Nehrungshaken sind Zeugen dafür. Zunächst waren der „Stein-" und der „Graswarder" noch voneinander getrennt, sie rückten immer näher aneinander, eine Sturmnacht vereinigte sie.

Der „Graswarder" war die Geburtsstätte des Badewesens. Um die Jahrhundertwende entstanden dort eine Badeanstalt und einige Häuser. Nach 1945 wurde auch auf dem „Steinwarder" ein Hotel gebaut, und man richtete einen Campingplatz ein.

Der starke Zustrom von Heimatvertriebenen nach 1945 ließ die Einwohnerzahl zeitweise auf 12 000 Menschen ansteigen. Deshalb mußten rund um den Stadtkern neue Wohngebiete erschlossen, Wohnungen gebaut, Schulen und andere kommunale Einrichtungen erweitert oder zusätzlich errichtet werden.

Der Bau eines Ferienzentrums in den Jahren 1969 bis 1971 verändete das Stadtbild, die Landschaft und die Wirtschaftsstruktur ganz entscheidend. Unser Luftbild von heute zeigt diesen hufeisenförmigen, zum Binnensee hin geöffneten zehn- bis 16geschossigen Gebäudekomplex. „Betonburg" nannten ihn die Kritiker, „Ferienpark" die Planer und Bauherren. Kapitalanleger und solche, die von einer Zweitwohnung träumten, machten es möglich, diese mutige Planung zu verwirklichen. 2000 Ferienappartements, ein Hallen-Meerwasserbrandungsbad, ein Kurmittelhaus, ein „Haus des Gastes", ein Kursaal, ein Yachthafen, Läden und Restaurants gehören zu dieser Kur- und Ferienanlage. 80 000 Kur- und Badegäste kommen seitdem alljährlich nach Heiligenhafen – nicht nur im Sommer.

Die Badehalbinsel „Steinwarder" hat über ein Damm-Brückenbauwerk eine Straßenverbindung erhalten. Umfangreiche Pflanzungen sind zu einem grünen Wall aus Kiefern, Pappeln und Sanddorn mit einem veränderten, günstigen Kleinklima herangewachsen. Der „Graswarder" wurde Naturschutzgebiet und Nistplatz für seltene Seevogelarten. (Abb. Seite 22)

Burgtiefe auf Fehmarn

So wie auf unserem Luftbild zeigte sich der Badestrand auf der Halbinsel Burgtiefe seinen Besuchern noch vor dem Jahre 1970. Er liegt etwa zwei Kilometer vom Mittelpunkt der Stadt Burg entfernt. Nur wenige Baulichkeiten, einzelne Pensionshäuser, das Hotel Wartturm und, versteckt in einem Kiefernwäldchen, die Ruine der ehemaligen Burg Glambek, in der auch der Seeräuber Störtebeker einmal Unterschlupf gefunden haben soll, waren bemerkenswert.

In der Stadt Burg selbst gab es einige weitere kleine Hotels und zahlreiche Fremdenzimmer in Privathäusern. Mit einem Omnibus wurden die Gäste zum Strand gefahren und von dort wieder abgeholt.

Das alle sollte sich jedoch nun bald ändern, nachdem durch den Bau der Fehmarnsundbrücke und den Ausbau der E 4, der sogenannten „Vogelfluglinie“, Burgtiefe dicht an einem schnellen und gut ausgebauten Verkehrsweg lag. Die in Burg noch vorhandenen innerstädtischen Verkehrsprobleme, dadurch hervorgerufen, daß der Verkehr zum Strandbereich durch die Stadt Burg fließen muß, wurden durch Änderungen in der Verkehrsführung weitgehend behoben.

In Burg befaßte man sich, wie auch in vielen anderen Seebädern, nun ebenfalls mit der Errichtung eines Ferienzentrums, zu dem auch hier ein Hallen-Meerwasserwellenbad, ein Kurmittelhaus, ein Haus des Kurgastes, ein Yachthafen und Kuranlagen gehören sollten.

Ein Architektenwettbewerb wurde ausgeschrieben. Daran beteiligten sich Architekten von internationalem Rang. Die Luftaufnahme aus der Gegenwart zeigt, daß es gelungen ist, diesen Plan zu verwirklichen.

Appartementhotels, Appartementhäuser, Zweitwohnsitze und Hochhäuser, Geschoßwohnungen und Bungalows sind entstanden. Alljährlich kommen etwa 80 000 Kur- und Badegäste und Inhaber von Zweitwohnsitzen aus den Industrie- und Ballungsgebieten, um hier Erholung zu finden.

Für die Stadt Burg selbst mit ihren 6100 Einwohnern brachte diese Fremdenverkehrsentwicklung eine erhebliche Wirtschaftsbelebung. Die vorhandenen Betriebe des mittelständischen Handels und Handwerks wurden durch die erhöhte Nachfrage veranlaßt, ihre Betriebe zu modernisieren und zu erweitern.

Gleichzeitig brachte das Ferienzentrum in Burgtiefe für die auf der Insel vorhandenen zahlreichen Campingplätze und für den „Urlaub auf dem Bauernhof“ eine unschätzbare Bereicherung, weil all die Einrichtungen des Ferienzentrums auch diesen Urlaubern zur Verfügung stehen. (Abb. Seite 24)

Die Fehmarnsundbrücke

Unser Luftbild aus vergangenen Tagen zeigt schon die ersten Kiesaufschüttungen für die weit in den Fehmarnsund hineinragenden Dämme zur Auffahrt für dieses eindrucksvolle Brückenbauwerk. Es läßt aber auch noch die Fährhäfen auf beiden Seiten und die alte Sundfähre erkennen. Sie pendelte zwischen der Insel Fehmarn und dem Festland in kurzen Zeitabständen und nahezu rund um die Uhr hin und her, um Eisenbahnwagen und Lastkraftwagen mit Versorgungs- und Handelsgütern, Personenkraftwagen, Pferdefuhrwerke, Motorräder und Personen zu befördern. Manchmal gab es längere Wartezeiten. Im Winter kam es auch vor, daß Stürme und Eisgang die Überfahrt verhinderten.

Der Bau der Fehmarnsundbrücke hatte deshalb sowohl für die Insel Fehmarn als auch für die Wirtschaftsbeziehungen zwischen der Bundesrepublik Deutschland und den skandinavischen Staaten eine außergewöhnliche Bedeutung.

Die Insel Fehmarn erhielt damit einen Anschluß an das internationale Eisenbahnnetz. Gleichermaßen ergaben sich daraus hervorragende Verkehrsverbindungen für den Nordteil der Halbinsel Wagrien. Täglich rollen nun Güterzüge und Fernschnellzüge in dichter Folge über diese Brücke und verbinden damit mehrere europäische Staaten.

Aber auch die Voraussetzungen für einen Ausbau der gewerblichen Wirtschaft auf der Insel Fehmarn, insbesondere des Fremdenverkehrs, wurden damit geschaffen und genutzt.

Der Inselcharakter Fehmarns ist damit allerdings weitgehend verlorengegangen. Das war der Preis für eine zukunftsweisende und international bedeutsame Entwicklung, die von allen politischen Kräften und auch von der Bevölkerung gewollt und gestützt wurde.

Die Insel Fehmarn mit ihren großen bäuerlichen Betrieben und ihren ertragreichen Ackerböden, die eindrucksvolle Mengen an hochwertigen landwirtschaftlichen Erzeugnissen erbringen, ist damit näher an die großen Märkte herangerückt.

Die Brücke selbst mußte so gestaltet werden, daß der rege Schiffsverkehr durch den Fehmarnsund nicht behindert wird. Es mußte deshalb eine beträchtliche Durchfahrtshöhe im mittleren Brückenbereich erreicht und eine breite Wasserfläche überspannt werden. Daß diese Ingenieursleistung auch unter ästhetischen Aspekten Anerkennung verdient, zeigt unsere Luftaufnahme eindrucksvoll. (Abb. Seite 26)

Grömitz – das „Bad an der Sonnenseite“

Die Strandhalle in Grömitz, ein für alle „alten“ Seebäder typisches Gebäude, steht im Vordergrund unserer Luftaufnahme aus der Vergangenheit. Sie ist auch heute noch fast unverändert vorhanden. Nach wie vor finden dort Tagungen, Tanzabende und kulturelle Veranstaltungen statt.

Das „Bad an der Sonnenseite“, so nennt sich Grömitz, verfügte schon vor dem Zweiten Weltkrieg über große Kurhotels, aber auch über zahlreiche mittlere und kleine Pensionen. Damals wie heute traf und zeigte man sich in den Abendstunden auf der langen, breiten Kurpromenade.

Die Luftaufnahme vom heutigen Grömitz macht deutlich, wieviel sich in den letzten 20 Jahren verändert hat.

In der Nachkriegszeit dienten die Kurhotels zunächst als Lazarette, Hilfskrankenhäuser oder zur Unterbringung von Heimatvertriebenen. Sie mußten deshalb erst einmal grundlegend renoviert und nicht selten völlig neu eingerichtet werden, um Kur- und Badegästen wieder angeboten werden zu können. Der Aufbau einer neuen Infrastruktur für den Fremdenverkehr war geboten, um den veränderten und gewachsenen Ansprüchen der Gäste gerecht zu werden. Grömitz gehörte deshalb zu den ersten Seebädern mit einem Hallen-Meerwasserschwimmbad, einem Kurmittelhaus und einem „Haus des Gastes“. Die dauernd ansteigende Gästezahl zwang sehr bald zum Bau einer weiteren, noch größeren Schwimmhalle. Die auf dem Bild noch sichtbaren, großen Rasenflächen mit Baumreihen mußten deshalb, wegen ihrer günstigen Lage für diese Zwecke, bebaut werden.

Schon in den Jahren 1960 bis 1970 wurde erkennbar, daß die erst vor wenigen Jahren grundlegend erneuerten Hotels den veränderten Vorstellungen der Kurgäste nicht mehr gerecht wurden.

Umwälzende Strukturveränderungen nahmen ihren Anfang. Im strandnahen Bereich entwickelte sich eine starke bauliche Verdichtung. Die vorhandenen Hotels mit ihren für deutsche Kurorte charakteristischen Fassaden wurden zum größten Teil abgebrochen, einige völlig umgestaltet und erheblich erweitert. Mehrgeschossige Appartementhotels und Appartementhäuser mit klaren geometrischen Formen und horizontal gegliederten, weißen Fassaden entstanden überall. Siedlungs- und Einfamilienhäuser wurden zu Fremdenpensionen umgebaut.
Die Um- und Ausbauten waren nicht selten so umfangreich, daß ursprüngliche Gebäude nicht mehr erkennbar waren.

Etwa 180 000 Gäste besuchen nun alljährlich Grömitz mit seinen 7100 Einwohnern. Mehr als 3000 Zweitwohnsitze sind vorhanden. (Abb. Seite 28)

Timmendorfer Strand – das jüngste Bad der Lübecker Bucht

Das „Ostseeheilbad im Grünen“, wie der Slogan für Timmendorfer Strand lautet, besteht erst seit rund 100 Jahren. Zu der heutigen Großgemeinde gehören noch vier alte Dörfer, insgesamt zählt man 10 000 Einwohner. Das Seebad selbst wirkt weder wie ein ländlicher Ort noch wie eine Kleinstadt und ist dennoch ein organisch gewachsenes

Gemeinwesen mit ehrgeizigen Zielen, wobei man zuweilen angesichts der größten Golfanlage Europas sogar das Stichwort „Weltbad“ hören kann. Die Konkurrenz Travemünde ist nahe.

Timmendorfer Strand entwickelte sich nicht aus einem Fischerdorf wie die Nachbargemeinden, sondern wurde von Anfang an bewußt als Seebad angelegt. Bereits im Jahre 1901 registrierten 181 Einwohner mehr als 1000 Gäste. In der Folgezeit, vor allem jedoch nach dem Zweiten Weltkrieg, wurde viel gebaut, abgerissen und auf andere Art errichtet. Dabei hielt man sich lange an die Bestimmung, daß kein Haus mehr als drei Stockwerke aufweisen dürfe, bis drei Ausnahmen zugelassen wurden: das „Seeschlößchen“, nachdem das gemütliche, alte Haus abgebrannt war, und die beiden Maritimhäuser „See-“ und „Golfhotel“. Sie ragen nun aus den vielen kleineren Hotels, Pensionen, Appartements und den schmucken Bungalows, die zumeist als Zweitwohnungen genutzt werden, heraus.

Viele zusätzliche Fremde kommen in den Ort, um das große Kongreßhaus neben dem Seehotel Maritim zu nutzen. Seit der Eröffnung 1974 fanden hier zahlreiche Tagungen verschiedener Organisationen und Konzerne statt.

Besonders gern tagen in Timmendorfer Strand die Ärzte, was damit zusammenhängt, daß sich in dem Heilbad die international bekannte Curschmann-Klinik befindet, ein Rehabilitationszentrum, in dem die Patienten nach Herzoperationen, Herzinfarkten und schweren Kreislaufschäden bewegungstherapeutisch betreut werden. Angeschlossen ist ein Forschungsinstitut für angewandte Meeresheilkunde (Balneologie) und medizinische Klimatologie.

Die Planungen der Verantwortlichen in Timmendorfer Strand gehen schon seit Jahrzehnten dahin, Feriengästen wie Patienten ein vielfältiges Angebot medizinischer Maßnahmen und Unterhaltungsmöglichkeiten anzubieten, wozu viele Sportarten auf See, am Strand und im Ort zählen. Neuerdings wurde eine geräumige Tennis- und Eissporthalle errichtet, die helfen soll, einen alten Traum der Timmendorfer Gastgeber zu erfüllen: eine reich genutzte Wintersaison. (Abb. Seite 30)

Niendorfer Flair

Das zur Großgemeinde Timmendorfer Strand gehörende Ostseebad Niendorf hat, von wenigen Ausnahmen abgesehen, die den Gesamtcharakter kaum beeinflußten, seine Eigenständigkeit bewahrt. Dazu trägt entscheidend der Fischereihafen bei, der verschiedene Male stillgelegt werden sollte, weil die Einfahrt immer wieder versandete. Die Einsicht, daß mit der Schließung die Arbeitsplätze der Kleinfischer verlorengehen würden, die ohnehin schwer zu kämpfen haben und nur dank der „Butterschiffe“ zusätzlich ihre Existenz zu sichern vermochten, verhinderte dies. Heute dient das langgestreckte, schmale Becken als Liegeplatz für zahlreiche Segelyachten. Deren Hafen wurde verkleinert, als am Westufer drei große Hallen einer Bootswerft gebaut wurden; inzwischen hat das Unternehmen allerdings seinen Betrieb eingestellt. Was geschehen wird, wenn eines Tages, wie schon lange vorgesehen, die „Butterschiffe“ nach einem EG-Beschluß nicht mehr mit ihrer zollbegünstigten Fracht auslaufen dürfen, ist noch ungewiß. Vorläufig bleibt das auch für die Kurgäste romantische Flair des Hafens erhalten. Die Jollensegler unter ihnen können zudem ihre Boote seit wenigen Jahren außerhalb des Hafens auf den feinsandigen Strand ziehen.

Auch baulich hat sich in Niendorf wenig verändert. In der Strandstraße wurden einige Häuser abgerissen, aber dank einer vernünftigen Planung, die den Charakter des Ortes bewahren hilft, wurden Hochhäuser nicht zugelassen.

Jüngeren Datums sind in dem Ostseebad, in dem sich einst auch Emanuel Geibel, Wilhelm Raabe und Hermann Löns gern aufhielten, das unmittelbar am Strand im östlichen Ortsteil errichtete, beheizte Meerwasserhallenbad und unweit davon ein gern besuchtes „Haus des Kurgastes“. Attraktionen für Snobs aber gibt es noch immer nicht. So bleibt das anheimelnde Flair Niendorfs wohl auch weiterhin erhalten. (Abb. Seite 31)

Travemünder Strandleben

Wie sagte Tony in den „Buddenbrooks“? „Was wahr ist, bleibt ewig wahr, und Travemünde ist ein schöner Aufenthalt!“ Über das heutige Aussehen des Badeortes, der schon am 1. April 1913 gegen den damaligen Willen der Einheimischen ein Stadtteil Lübecks wurde, müßte sie sich zumindest im Strandviertel wundern. Am Ende des ehedem dichtbewachsenen Leuchtenfelds verleiht seit 1974 der Hotelturm Maritim, auf dessen Dachgeschoß der mit 115 Metern höchste Leuchtturm der Welt mit einer Lichtstärke von 80 000 Candela eingebaut wurde, dem alten Ort einen neuen, unübersehbaren Akzent. In der Nähe ist, eine Erinnerung an früher, der denkmalgeschützte, historische Leuchtturm stehengeblieben. Unterhalb des Hotels errichtete die Stadt ein großzügiges Badezentrum mit zwei Hallenschwimmbädern und einem auch im Winter beheizten Freibad. Ringsum etablierten sich schicke Modeboutiquen und eine gemütliche Bierkneipe.

Am gegenüberliegenden Traveufer erregt ein weiteres Wahrzeichen Travemündes Aufmerksamkeit: der 3100 BRT große Windjammer „Passat“, ein Viermaster, der einst alle Weltmeere befuhr. Als das Schwesterschiff „Pamir“ im Herbst 1957 mit 80 Seeleuten im Mittelatlantik unterging, wurde die „Passat“ außer Dienst gestellt und in Travemünde als Museumsschiff verankert.

In der Nähe dieses Hafenteils, der hauptsächlich den unzähligen Segelyachten vorbehalten ist, wartet das elegante Spielcasino, in dem schon Dostojewski sein Glück versucht hatte, auf risikofreudige Gäste. Es wurde erweitert und modernisiert, um auch hier den Charakter eines Weltbades zu erhalten, ohne die Tradition zu verleugnen.

Flußaufwärts, am Südende Travemündes, entstanden aufgrund einer vernünftigen Stadtplanung langgestreckte Kais für den Fährbetrieb mit Skandinavien mit einem Bahnanschluß für den Güterverkehr. Lübecks Ruf als „Tor zum Norden“ wurde durch diese Schiffsverbindungen mit Dänemark, Schweden und Finnland wesentlich verstärkt.

Von all dem unberührt ist das historische Zentrum Travemündes rings um die schöne Renaissancekirche St. Lorenz geblieben. Dort stehen immer noch die kleinen, gemütlichen Häuser, von denen das älteste in der Jahrmarktstraße aus dem 16. Jahrhundert stammt. Als es gebaut wurde, konnte man nicht ahnen, daß Travemünde dereinst zu einem internationalen Badeort werden würde. (Abb. Seite 32)

Lübeck – die alte Königin der Hanse

Lübeck, im Mittelalter mit dem Prädikat „Königin der Hanse“ ausgezeichnet, hatte wegen der etwas abseitigen Lage im Nordwesten der Bundesrepublik und wegen des verlorengegangenen Einzugsgebiets aus Mecklenburg nach dem Zweiten Weltkrieg eine schwierige Situation zu meistern. Sie erschwerte den Wiederaufbau der durch einen Bombenangriff am Palmsonntag 1942 vornehmlich in ihren Kulturdenkmälern erheblich geschädigten Stadt. Neben Patrizierhäusern aus dem 14. und 15. Jahrhundert hatten vor allem auch die Hauptkirchen gelitten; fünf von den berühmten, oft zitierten Türmen hatten ihre Spitzen verloren, wie auf der älteren Luftaufnahme zu sehen ist, und zwar St. Marien, deren Backsteingotik die mittelalterliche Architektur von ganz Norddeutschland und Skandinavien beeinflußte, der Dom und die Petrikirche. Es dauerte Jahre, bis die Gotteshäuser ihr altes Aussehen wiedergewannen.

Die wirtschaftlichen Probleme verstärkten sich, als Lübeck in den vierziger Jahren 90 000 Flüchtlinge aus den verlorenen Ostgebieten aufnehmen mußte, von denen viele in der Hansestadt verblieben. Deshalb entstanden neue Wohnviertel, aber auch in der Innenstadt traten Änderungen ein, die zwar manchen Altlübecker mit Schmerz erfüllten, doch unvermeidbar schienen.

Inzwischen ist die Zeit der bedenkenlosen Bausünden vorüber. Nicht zuletzt angeregt durch einen Beschluß der UNESCO, daß neben Bamberg und Regensburg unter den deutschen Städten Lübeck besonders förderungswürdig sei, gab und gibt es viele verantwortungsvolle städtebauliche Projekte. Beteiligt sind neben nennenswerten privaten Initiativen, eingeschlossen traditionsreiche Stiftungen der Kaufmannschaft und der Industrie, auch die Kieler Landesregierung und das Amt für Denkmalschutz. Der alte insulare, von Häfen umgebene Stadtkern weist keine Baulücken mehr auf, zahlreiche historische Privathäuser mit den typischen Treppengiebeln wurden renoviert, auch sind die „Gänge“ saniert worden, jene kleinen Gassen zwischen den großen Straßen, durch die nicht einmal ein Auto fahren kann. Auch steht noch das 500 Jahre alte Holstentor mit der Inschrift CONCORDIA DOMI FORIS PAX – Im Hause Eintracht, draußen Friede.

Das Tor wurde zum Lübecker Markenzeichen, genauso wie das Marzipan, der Rotspon – und Thomas Manns Roman „Buddenbrooks“. Er sprach einmal, 1926 anläßlich der 700-Jahr-Feier der damaligen Freien und Hansestadt, über „Lübeck als geistige Lebensform“. Diese ausgesprochen bürgerliche Lebensform prägt noch heute das Dasein der 220 000 Lübecker. (Abb. Seite 34)

Die Energie-Spardose – Gefällewasser als Stromnachtspeicher

Im Dezember 1956 erfolgte durch den damaligen Bundesverkehrsminister Dr. Christoph Seebohm der erste Spatenstich für ein in Norddeutschland einmaliges Kraftwerk. Der 80 Meter hohe Geestrücken bei Geesthacht sollte für einen künstlichen See genutzt werden. Mit dem hier gespeicherten Wasser sollten Turbinen angetrieben werden, die über einen Generator den täglichen Spitzenbedarf an Strom abdecken. Diese Turbinen setzen außerdem nachts, wenn der Stromverbrauch gering ist, Pumpen in Gang, um den Speichersee mit Elbwasser wieder aufzufüllen.

Fast zwei Jahre lang war Geesthacht die größte Erdbaustelle Europas. Unvorstellbare Erdmassen mußten bewegt werden, um einen Speichersee mit 3,8 Millionen Kubikmeter Fassungsvermögen – mehr als Binnen- und Außenalster zusammen – zu erbauen. Die Oberfläche des Stausees sollte 300 000 Quadratmeter, seine mittlere Tiefe 17 Meter betragen. Drei 612 Meter lange und 3,8 Meter dicke Rohre mußten vom Geestrücken talwärts verlegt werden. Das Maschinenhaus mit den Turbinen wurde weitgehend unterirdisch am Elbufer errichtet.

Am 15. Oktober 1958, um 11.19 Uhr, so hat ein Chronist es festgehalten, setzte Hamburgs Bürgermeister Max Brauer mit einem Knopfdruck das Pumpspeicherwerk Geesthacht in Betrieb. 300 Ehrengäste, unter ihnen Bundespräsident Theodor Heuss, waren in der geschmückten Kraftwerkhalle versammelt.

Seither wurden etwa 25 Kubikkilometer Wasser für die Stromerzeugung genutzt, das entspricht dem 3750fachen Inhalt von Binnen- und Außenalster. Damit reicht der Wasservorrat des Speicherbeckens, um ca. fünf Stunden lang 120 Megawatt elektrischer Leistung zu erbringen. Das Anfahren der Anlage vom Stillstand bis zur Vollast dauert weniger als zwei Minuten.

Mit dem Pumpspeicherwerk Geesthacht verfügt die Hamburgische Electricitäts-Werke AG (HEW) über ein umweltfreundliches Kraftwerk, mit dem die Nachtspeicherung von Strom in Form von Gefällewasser möglich ist. (Abb. Seite 36)

Die St. Michaeliskirche – das Wahrzeichen Hamburgs

Länder und Städte zu überfliegen ist für uns heute nichts Ungewöhnliches mehr. Wir vergessen dabei, daß die Möglichkeit, sich in die Luft zu erheben, ein Wunschtraum der Menschheit war, so alt wie sie selbst. Wir steigen in so einen technisch volkommenen Flugapparat, nehmen Platz, blättern in Zeitschriften, die uns die Stewardeß herreicht, und schauen nicht einmal zum Fenster hinaus, wo tief unter uns dieses überwältigend schöne Panorama majestätisch langsam vorüberzieht.

Daß es Ausnahmen unter den Flugpassagieren gibt, wurde mir klar, als ich einmal beim Flug über die Stadt neben einem Herrn saß, der sich offenbar an dem Schauspiel da unten nicht sattsehen konnte. „Da!" sagte er plötzlich und stieß mich an, „da unter uns Hamburg! Sehn Sie? Und der Michel da in einem Meer aus Dächern, Fassaden und glitzernden Fenstern. Von hier oben sieht man es erst so richtig! Das war in den ersten Jahren nach dem Krieg noch ein bißchen anders. Erinnern Sie sich?"

O ja, ich erinnerte mich genau. Die Ost-West-Straße, die heute unmittelbar hinter dem Michel die Neustadt durchschneidet, gab's damals noch nicht. Auch die aus Stahl, Glas und Beton im Kastenstil hochgezogenen Bürohäuser nicht. Felder waren das alles, ideal zum Spielen für Kinder. Und die wenigen Autos! Still war es dort damals, fast wie im Michel selbst, der sich heute fast bedrängt fühlen mag von der ihn aufgeregt umwimmelnden Menschheit. Ausgelöscht ist heute die Erinnerung an den Krieg, überdeckt ist die damalige Leere durch die Buntheit und das geordnete Durcheinander des zwischen Herrengraben, Englischer Planke und Venusberg entstandenen Wohnviertels, das die wenigen verrußten oder zu Trümmern zerbombten Häuser ersetzt hat. Und der Michel selbst! Prächtig und nicht mehr so einsam steht er backsteinern und patinagrün mitten in dem Gewirr da. Seinem Turm, sah ich, fehlte zwar die Spitze, aber doch nur, weil sie gerade erneuert wurde. Danach dann würde der machtvolle, vom Luther-Denkmal flankierte Bau samt Kupferdach und weithin sichtbar erneuertem Turm wieder wie eh und je von den auf der Elbe hereinkommenden Schiffen als Wahrzeichen der Stadt begrüßt werden. (Abb. Seite 38)

Der Rathausmarkt – das Zentrum Hamburgs

Tief unter uns tauchte das Rathaus auf, mit seinen auf den Simsen der Fassade und in Nischen postierten Kaisern und Fürsten und den Wappenschildern von verdienstvollen Bürgergeschlechtern. Etwas, das von hier oben schwer zu erkennen war, aber doch den Eindruck dieser imposanten, vom 112 Meter hohen Turm überragten Fassade bestimmte. Nicht lesbar, natürlich, war der Spruch über dem Haupteingang, den man aber als Hamburger Quiddje wohl halbwegs auswendig wußte. „Mögen die Nachkommen", stand da, „die von den Vorfahren gewonnene Freiheit bewahren." Und tatsächlich schien es, als wäre diese Freiheit hier im Kernstück der Stadt trotz des Kriegs und der Zerstörung unbeschädigt bewahrt worden. Da stand alles fast so unerschüttert und gelassen wie vor dem Krieg da: der die Giebel ringsum und den Platz sich zu Füßen, die Fleete und die Alster souverän überblickende Bau selbst, die Arkaden am Alsterfleet, die Schleusenbrücke, die flankierenden Gebäude der Börse und Banken. Die Umgebung war bebaut fast wie schon vor 30 Jahren. Das heißt, am Ausgang der Großen Bleichen hinter dem Rathaus war nun keine Geröllhalde mehr. Hohe Bürohäuser mit Bäumen dazwischen waren hier entstanden. Verändert hatte sich allerdings auch, wie ich beim zweiten Blick aus luftiger Höhe sah, der mit Lampen- und Fahnenmasten bestückte Platz vor dem Rathaus. Dort fuhren jetzt keine gemächlichen Straßenbahnen mehr – sie wurden von Bussen abgelöst. Außerdem hat man dem Rathaus gegenüber verglaste Verkaufsstände errichtet – mit Bäumen, gottlob, davor – und in jüngster Zeit ein Denkmal des skeptisch sinnenden Heinrich Heine, der den Hamburgern neben ihrem unbestreitbaren Geschick als Handels- und Kaufherren etwas mehr Sinn für Kunst und Kultur wünschte. Nun, dieser Sinn hat sich zumindest in der architektonischen Anlage dieser um Binnen- und Außenalster gelagerten, am breiten Elbstrom gelegenen Stadt verwirklicht.

Unhörbar war hier oben das lebhafte Treiben dort unten, aber ein Glanz lag in der klaren Luft darüber, ein Hauch von Weltoffenheit von den Weltmeeren her, der nirgends so deutlich spürbar ist wie aus dieser Höhe. (Abb. Seite 40)

Hamburg-Barmbek und die Hamburger Straße

Leer, wie es einst um den Michel herum und vereinzelt auch in der Innenstadt war, bot sich vor 30 Jahren auch die Gegend um die Hamburger Straße dar. Barmbek, wohl der während des Krieges am schwersten getroffene Stadtteil – eine einzige weitgedehnte Gräberstätte mit einzelnen Baracken und Häusern darauf, von denen kaum eins die folgende Aufbauzeit überlebt hat. Damals konnte ich die Hamburger Straße in dieser Öde kaum finden. Heute wirkt sie, von der Hochbahnstrecke Mundsburg bis Dehnhaide flankiert, wie ein aus Kabeln gedrehter, kraftvoller Adernstrang. Mitten darin, wo sich die Straße gabelt, zwischen Winterhuder Weg und Schönfelderstraße, das Einkaufszentrum. Nicht weit davon die Grünanlagen beim Alten Schützenhof und des Biedermannplatzes mit der Bugenhagen-Kirche, der noch heute die Turmspitze fehlt. Schaut man aus dem Flugzeug über Dehnhaide in Richtung der S- und U-Bahn-Anlage Barmbek, erkennt man einen der Wasserarme, die von der Alster her auch diesen Stadtteil durchziehen. „Der Osterbekkanal ist das", verriet mir mein Nachbar, den ich neugierig fragte, „der Fluß, über den wir eben gekommen sind, war, wenn es Sie interessiert, der Eilbekkanal mit Kuhmühlenteich und Gertrudenkirche, und da zwischen den Häusern glitzert der Goldbekkanal. Viel Wasser und viel Grün heute – der Stadtpark ist ja nicht weit. Dazwischen dann noch die City Nord mit exotischen Straßennamen, die an Dakar, Singapur, Mexiko, Djakarta und Hongkong erinnern. Alles um das heutige Einkaufszentrum herum wurde erst nach dem Krieg bebaut."

Ja, ich erinnerte mich, dieses Barmbek war noch Jahre nach dem Krieg eine einzige Halde, auf die wie aus einem Spielzeugkasten hier und da zufällig Bauklötze geschüttet schienen. Und jetzt: ein gedrängtes Häuser-, Straßen- und Bahnengewimmel, in dem man zwar hier und da Platz für Bäume und Grünflächen ließ, sonst aber schien es, wie von hier oben erkennbar, nur noch wenig bebaubaren Raum zu geben. Es mußte ja schließlich auch noch Platz für Luft gelassen werden, die die Menschen da unten zum Atmen und wir hier oben zum Fliegen brauchten. Luft, dachte ich, von der es hier vor 30 Jahren mehr als genug gab.

(Abb. Seite 42)

Über dem Hamburger Hafen

Ist es schon aufregend, von Othmarschen kommend, die Elbe zu unterqueren und von der Nord-Süd-Autobahn her auf der Köhlbrandbrücke über den Roßdamm nach Veddel zu fahren – was für ein grandioser, kaum faßbarer Anblick mußte es sein, wenn man Waltershof, Köhlbrand und Vulkanhafen bis zu Blohm und Voss auf Steinwerder aus 1000 oder mehr Metern Höhe zu sehen bekam! Dabei: Vor 30 Jahren waren Burchard- und Predöhlkai, Köhlbrandhöft und Westphalkai mit Tollerort – alles unmittelbar gegenüber von Elbchaussee, Palmaille und Reeperbahn – vergleichsweise noch Ödland, zu begehen auf weiten Strecken nur mit Gummistiefeln.

Eines Tages dann war es soweit. Ich kam mit dem Flugzeug von Süden. In Erinnerung hatte ich nichts als eben dies Ödland; was sich auf ihm inzwischen getan hatte, davon wußte ich vorerst nur vom Hörensagen. Und dann schwangen sie sich weit unter mir über das Wasser, die bebauten, von Kränen, Pumpstationen und Helgen bestandenen Kais mit dem größten Containerterminal Europas, den Massengutzentren und der auf Stelzen errichteten, fast filigranartigen Köhlbrandbrücke. Fast idyllisch, dieser ungeheuerlichen Hafenanlage gegenüber, das in Grün verpackte, von einzelnen Hochbauten überragte Hamburg. Und schweigend das alles, als wäre es das überdimensionale, von keinem Theater nachbaubare Bild einer Bühne, auf der ein hochdramatisches Stück gespielt wurde.

Durch diese Wasser- und Hafenlandschaft war ich zuletzt bald nach der Zerstörung Hamburgs gewandert; zu Fuß von Harburg her auf den noch einigermaßen intakt gebliebenen Brücken. Zwei Zeitalter, dachte ich, waren es – Krieg, Zerstörung, Untergang und Fortleben, Aufbau und Neubeginn –, die hier, mit Händen zu greifen, mit Augen bestaunbar, aufeinanderstießen. Hier, auf diesen wie Rippen um ein machtvoll pulsierendes Herz angeordneten Kais und Kanälen, Hafenbecken, Dämmen und Stiegen. Der Hafen, das „Herz Hamburgs", hier lag es, aus Kammern, Gefäßen, Arterien und Venen zusammengebaut, tags und auch in den von einer Myriade von Lichtern durchfluteten Nächten unverhüllt vor mir. (Abb. Seite 44)

Eine Tankstelle war der Anfang!

Als wir uns vor etlichen Jahren auf dem Südost-Anflug auf Hamburg über einer weiten, flachen, fast baumlosen Landschaft befanden, fragte ich meinen Nachbarn nach der breiten, weiß wirkenden Straße dort unten, der die Maschine offenbar folgte. „Das ist die Autobahn", sagte er, „die über die Süderelbe nach Hannover und Bremen führt. Und die Ausbuchtung da mit den paar Lastern, einem Haus und noch irgendsoeiner Anlage, das ist eine Tankstelle." „Hier in dieser Wüstenei?" fragte ich ihn. „Gerade!" sagte er. „So eine Tankstelle, die zieht eine Raststätte auf sich und bald schon ein Rasthaus und Läden. Immer mehr Leute bleiben da hängen, zum Verschnaufen, Pausieren und zum Übernachten. Und passen Sie mal auf, wenn Sie hier in ein paar Jahren wieder vorbeikommen, dann ist das Neubaugebiet, und hinter den Häusern und Hochbauten, die hier aufschießen, erkennen Sie kaum noch die Felder. Bis zum Horizont, sage ich Ihnen, steht das dann voll."

Ich war skeptisch, aber der Mann hatte recht. Nach jenen „paar Jahren" standen die Häuser von „Kirchdorf-Süd" Schlange an dieser Tankstellen-Ausbuchtung, wo sich die Bewohner den Sprit zur Fahrt über das inzwischen entstandene Autobahndreieck nach Hamburg, Harburg und Wilhelmsburg holten. Tennisplätze waren sogar angelegt worden, und am Horizont verschwanden die Häuser des nächsten Siedlungsgebietes im Dunst. Zweigstellen von Ladenketten waren wohl schon bald hinzugekommen und sicherlich auch ein Supermarkt mit Sonderangeboten für Tennisbekleidung und -schuhe. Von den einst öden Feldern war nur ein Streifen geblieben, ein Park vielleicht zum Spazierengehen, wenn die Wochenenden den Anwohnern Zeit dazu ließen.

So geht das, dachte ich, vor wenigen Jahren hatte diese Landschaft noch wie vor etwa 1000 oder 2000 Jahren ausgesehen. Und jetzt war hier, wie überall auf den „Leerstellen" rings um die große Stadt, die Zivilisation herangerückt. Die Tankstelle, die von Anfang an auf der Höhe der Zeit gewesen war, hatte sich zur Anlage ausgewachsen, um den vervielfachten Treibstoffbedarf unserer höchst mobilen Gesellschaft decken zu können.

Villen an der Elbchaussee, der berühmten Prachtstraße Hamburgs

Die Elbchaussee, das Schmuckstück Hamburgs, erweckt in so manchem Bauherrn den Drang, seine Wohnstätte gebührend in diese Perlenkette um den Hals Hammoniens einzufügen. Hier, wie schon beim Überflug vor 30 Jahren erkennbar, schmücken zwei unschwer an Haltung und Schwingenschlag als Adler zu identifizierende Vögel eine stattliche Villa mit Elbblick. Ungerührt vermutlich hatten sie die Zertrümmerung der alten Haushälfte überstanden und blicken nun zu der den Neubau überfliegenden Maschine auf. Das Bürgerhaus steht nun nicht mehr. Wohl aber die Adler, denen es gleichgültig sein konnte, ob die von ihnen bewachten, inzwischen an Zahl und Mietpartien verdoppelten Balkone gutbürgerlich-geräumig oder raumsparend-modern waren. Hauptsache, mochte der Pilot bei beiden Überflügen gedacht haben, sie heben nicht ab und geraten mir noch vor Erreichen der Elbchaussee in Propeller oder Leitwerk. Ihm zur nachträglichen Beruhigung sei vermerkt: Die Vögel waren (und sind noch) Adler, aber solche aus Sandstein, Ton oder Gips.
(Abb. Seite 48)

Wedel – ein Kraftwerkstandort mit Tradition

Im Sommer 1926 forderte die Elektricitätswerk Unterelbe AG (EWU) mit Sitz in Altona bei der AEG die ersten Bau- und Kostenvoranschläge für ein 45-Megawatt-Kraftwerk in Schulau an. Das Werk, das am 2. November 1928 die Stromlieferung aufnahm, sollte ein vorbildliches Zeugnis für den damaligen Stand der Technik geben.

Mit dem Groß-Hamburg-Gesetz vom 26. Januar 1937 gingen die drei Stadtkreise Altona, Harburg-Wilhelmsburg und Wandsbek sowie 27 Gemeinden und zwei Teilgemeinden auf Hamburg über, während Cuxhaven, Geesthacht, die fünf Gemeinden des Amtes Ritzebüttel sowie die Gemeinde Großhansdorf-Schmalenbek an Preußen fielen. Nach dreijährigen Verhandlungen übernahm die Hamburgische Electricitäts-Werke AG (HEW) mit Wirkung vom 1. Januar 1940 die Aktien und Anlagen der EWU, die jedoch bis zu ihrer Auflösung im Jahre 1953 als Gesellschaft weiterbestand.

Nach Inkrafttreten des Groß-Hamburg-Gesetzes, bereits vor Ausbruch des Zweiten Weltkrieges, beabsichtigte die

HEW, am Standort Wedel ein eigenes Kraftwerk zu errichten. Der Krieg änderte diese Disposition. Doch bereits 1952 war der Bau eines Großkraftwerks neben der Anlage in Schulau, die mittlerweise über eine Leistung von 80 Megawatt verfügte, in den Planungen der HEW wieder vorgesehen. Endgültige Gestalt nahm diese Planung jedoch erst 1957 an. Baubeginn war 1958.

Das Kraftwerk Schulau wurde bereits vor Inbetriebnahme der ersten Ausbaustufe „nebenan" im Jahre 1961 nur noch als Reservekraftwerk genutzt. Nur einmal noch vor seinem Abbruch im Jahre 1970 schlug eine große Stunde für das Werk: Es war während der Flutkatastrophe im Februar 1962 als erstes von den überfluteten Werken der HEW wieder einsatzbereit.

Im Herbst 1965 war das Kraftwerk Wedel mit 600 Megawatt Leistung voll ausgebaut und hatte bis zur Inbetriebnahme des Kernkraftwerks Krümmel im Jahre 1984 einen entscheidenden Anteil an der Stromversorgung Hamburgs. (Abb. Seite 49)

Stade – die Marschenstadt

Das es dies noch gibt: eine alte Stadt, die nahezu unberührt in unsere Zeit hineinwuchs! Hier wurde – wenn man es recht besieht – eine historische Ungunst des Schicksals zur Gnade für nachlebende Generationen.

Der Elbstrom ließ Stade an seinem Ufer, vom Brückenkopf der Sachsen und Normannen, im frühen Mittelalter schon zum bedeutendsten Stapelplatz des stromgehenden Handelsverkehrs werden. Doch als das Mittelalter zu Ende ging, entzog der Strom der reichen Stadt seine Gunst: Er verlegte Bett und Ufer ostwärts. Was einmal den Aufstieg zur mächtigen Hansestadt begünstigt hatte, versagte sich fortan immer mehr, als auch das Marschenflüßchen Schwinge zu versanden begann und den alten Stadthafen nur noch für kleinere Schiffe zugänglich machte.

War Stade einst dem jungen Hamburg, weiter stromauf, buchstäblich „im Wege" gelegen, so konnten die Hamburger nun aufatmen: Die andere Hansestadt gewann an Macht und Bedeutung und wurde schließlich Deutschlands „Tor zur Welt". Stade aber, jetzt von der Elbe abgenabelt, versank in die Bescheidenheit einer schlichten Marschenstadt.

Doch Hamburg verlor auch. Steigende Macht, wachsende Größe und Bedeutung gingen der großen Hafenstadt immer wieder auch an die gewachsene Substanz. Kriege, Brände, Seuchen – Katastrophen jeder Art – räumten hier immer schmerzlicher mit dem Erbe der Vergangenheit auf. Falsche Eitelkeit neuen Reichtums ließen zudem die Hamburger sich immer häufiger ihrer alten Straßen und Bauwerke schämen, so daß sie neue an ihre Stelle setzten, prächtigere und teurere, doch zumeist ohne rechte Beziehung zur Herkunft und Geschichte derer, die sie nun bewohnten.

Stade hingegen, fortan zur Bescheidenheit gezwungen, hatte Muße, sein Überkommenes zu wahren. Wie sehr dies bis in unsere Tage gilt, dafür geben unsere beiden Luftbilder Zeugnis.

In der Nachkriegszeit mit etwa 20 Jahren Abstand aufgenommen, zeigen sie die Stadtgestalt nahezu unverändert. Und wer sich die Freude machen will, einmal durch die alten Straßen Stades zu schlendern, der wird rasch gewahr, wie pflegsam gerade heute die Stadt mit ihrem Bilde bis in seine feinsten Details umgeht. So wurde aus Bescheidenheit am Ende doch noch Reichtum!
(Abb. Seite 50)

Die Elbmarschen

Was die Entstehung der Marschlande anlangt, so war es wohl so: Als Gott, der Herr, nachdem er Himmel und Erde voneinander geschieden hatte, auf Erden auch das Feste vom Nassen trennte, da ließ er dort, wo heute die Marschen sich breiten, gewisse flutende Grenzen offen. So war es also der Mensch, der hier Gottes Schöpfung zu vollenden hatte, und wer heute über die Marschlande blickt, der sieht: Er hat es gut gemacht.

Da schützen hohe Deiche das einstmals schwer errungene Land vor den immer wieder neu angreifenden Fluten. Da führt ein sinnvolles System von Gräben, Kanälen und eingefangenen Marschenflüssen die Binnenwässer mit den Gezeitenwechseln dem Strom und dem Meer zu. Und wo einstmals ungebändigte Wasser über Schlickflächen strudelten, dehnen sich reiche Äcker aus und erstrecken sich die Zeilen riesiger Obstplantagen zwischen den schmalen Spiegelflächen der zahllosen „Stiege“, der schnurgeraden Entwässerungsgräben, die die Marsch zerteilen.

Vier Bilder – von zwei Plätzen in den alten Elbmarschen des linken Stromufers jeweils mit gleichen Zeitabständen aufgenommen – zeigen Ausschnitte aus der Marschlandschaft hinter den Stromdeichen. Aus einem Lebensraum also, der – seiner Entstehung wie den Notwendigkeiten seiner Erhaltung entsprechend – mehr nach Beharrung verlangt als nach Veränderung und Wandel. Hier galt es stets, das Bewährte zu bewahren und das Haltbare zu halten, Veränderungen aber nur da vorzunehmen, wo ein Wandel nicht den Fortbestand des Ganzen gefährden konnte. Ein „aufgeklärter Konservativismus“ also ist es, der dies alte Pionierland am Leben erhielt. Und wer will, kann ihn auch aus unseren Bildern ablesen.

Da blieb also die alte Windmühle (bei Twielenfleth) erhalten, während das Straßenkreuz den Notwendigkeiten des modernen Straßenverkehrs angepaßt wurde. Und in dem Dorfe Osten schwingt sich heute, neben der alten Schwebefähre, die weiterhin dem Ortsverkehr dient, die Betonbrücke der Bundesstraße 495 über die Oste und ihren Flußdeich. Ein paar Häuser wuchsen hinzu. Andere wurden ein wenig verschönt. Und wenn man sonst noch nach Veränderungen sucht, dann sind es jene jungen Stämmchen der Obstgärten, die mit der Zeit zu richtigen Bäumen wuchsen. Das ist alles. Aber ist es nicht eigentlich genug?
(Abb. Seite 52)

Brunsbüttel und der Nord-Ostsee-Kanal

Den Seeleuten in aller Welt ist er ein Begriff, der „Kiel-Canal". Und Brunsbüttel kennen sie wie Kapstadt, Port Said oder Rotterdam. Brunsbüttel, die kleine und eine der jüngsten Städte in Schleswig-Holstein hat in den vergangenen zehn Jahren einen durchgreifenden Wandel erlebt.

Einst nur Kanal- und Schleusenstadt, ist sie jetzt zu einem „kleinen Ruhrgebiet des Nordens" geworden. Großflächige Industrieansiedlungen in den siebziger Jahren haben Leben in diesen Küstenbereich gebracht, wenn auch die Erwartungen an den Umfang der erhofften Arbeitsplätze nicht erfüllt wurden.

Am südöstlichen Ufer des „Nord-Ostsee-Kanals" sind chemische Werke, Düngemittelfabriken und Raffinerien entstanden. Ganz ohne Proteste – im Gegensatz zum wenige Kilometer entfernten Brokdorf – wurde das Atomkraftwerk gebaut: ein mächtiger, schwarzer Energieblock, direkt am Ufer der hier fast drei Kilometer breiten Elbe. Am Elbehafen, einem Tiefwasserhafen, legen Supertanker mit Rohölladungen für die Texaco-Raffinerie bei Heide an. Fertigprodukte aus der chemischen und petrochemischen Industrie gehen von hier aus per Schiff in alle Welt.

Den Wandel von Brunsbüttel, das bis 1970 noch Brunsbüttelkoog hieß, spürt man am Kanaleingang kaum. Die Schleusenanlagen sind, von Erweiterungen und technischen Erneuerungen abgesehen, geblieben wie vor 90 Jahren. Damals hieß der „Nord-Ostsee-Kanal" noch „Kaiser-Wilhelm-Kanal".

1875 standen in der kleinen Siedlung „Brunsbüttelhafen" ganze 40 Wohnhäuser und drei Bauernhöfe. 400 Menschen wohnten im Koog.

Schlagartig änderte sich die Struktur des Dorfes mit dem Baubeginn des Kanals im Jahre 1887. 8900 Arbeiter waren zuletzt an der Fertigstellung von Kanalbett und Schleusen beteiligt, bevor die 99 Kilometer lange, meistbefahrene Wasserstraße der Welt 1895 ihrer Bestimmung übergeben wurde. Die Entwicklung des Kanalbaus dokumentiert ein kleines Museum auf dem Gelände der Schleusen.

Heute passieren etwa 80 000 Schiffe im Jahr die Brunsbütteler Schleusen.

Die 12 000 Einwohner der Schleusenstadt sind 1983 in den Genuß einer Kanalhochbrücke gekommen, die ihnen die sonst üblichen langen Wartezeiten an den Kanalfähren erspart. 2830 Meter lang ist diese jüngste Errungenschaft der Brunsbüttler. In 42 Meter Höhe überqueren Autos den Kanal. Nach viereinhalbjähriger Bauzeit wurde die 148 Millionen Mark teure Hochbrücke im Oktober 1983 für den Verkehr freigegeben. (Abb. Seite 54)

Geschichtsträchtiges Itzehoe

Unzählige Male verwüsteten Krieg und Feuer Häuser, Rathaus und Kirche, bedrohten Epidemien und Hungersnöte das Leben der Bürger, Generationen versanken sogar ohne Zeugnisse ihres Daseins im Dunkel der Geschichte. Daß sich aber immer wieder an diesem bevorzugten Ort, dem Zusammenstoß von holsteinischer Geest und Marsch, am Ufer der gemächlich zur Elbe fließenden Stör, eine neue Gemeinde mit Ordnung, Recht und auch Wohlstand erhob, zeugt von erstaunlichen, fortwährenden Kräften, die über Jahrhunderte lebendig blieben." Alfred Lange, selbst Itzehoer, einer der besten Kenner schleswig-holsteinischer Geschichte, zum 1150jährigen Jubiläum der Stadt im Jahre 1960. Mit anderen Worten: Itzehoe und die (heute rund 35 000) Itzehoer sind nicht kleinzukriegen. Geschichtsträchtiges überall – Schiffahrt und vor allen Dingen Handel und seit 100 Jahren die Industrie begründen immer wieder den Wohlstand dieser Stadt.

Nur zehn Jahre später: „Die Bodenordnung wird in verstärktem Maße vorangetrieben. Es handelt sich um ein Gebiet von 9,9 Hektar. Sanierungserfordernisse: Schlechte Bausubstanz, 52 Prozent der Gebäude sind abrißbedürftig, Behinderung der Entwicklungsfähigkeit des benachbarten Stadtzentrums. Zielsetzung: Ordnung und Intensivierung der Nutzungen (Einkaufen, Wohnen, Verwaltung, gewerbliche Dienstleistungen), Beseitigung der Trennung zwischen Alt- und Neustadt, Verlegung des Durchgangsverkehrs, Sicherung gegen Hochwasser, Erhaltung historischer ‚Inseln'." Dezember 1971: Die Neue Heimat Nord stellt den Umfang der geplanten Innenstadtsanierung Itzehoes vor.

Was Kriege, Epidemien und höhere Gewalt seit der ersten namentlichen Ernennung durch Karl den Großen im Jahre 810 nicht schafften, ist längst Wirklichkeit geworden. Die Störschleife, die die alte und neue Altstadt Itzehoes voneinander trennte, wurde zugeschüttet, heute führt eine Autostraße über das Flußbett, Häuser wurden auf ihm errichtet.

Der Eindruck des alten Stadtbildes ist vollständig verwischt worden – sicherlich das extremste Beispiel moderner städtebaulicher Veränderungen in Schleswig-Holstein. (Abb. Seite 56)

Heide und sein Marktplatz

Ein Gasthof soll die Keimzelle des Ortes gewesen sein, aber so genau weiß das niemand. Gut gewählt war der Standort jedenfalls – an der Kreuzung zweier Handelswege, die von der Eider zur Elbe und von der Nordsee zur Ostsee führten. 1434 trat Heide in die Geschichte ein. Wenige Jahre später wurde Heide Hauptort der Bauernrepublik Dithmarschen. Ein ausreichend großer Platz für die Landesversammlung mit ihren 400 Geschworenen war vorhanden und ist es noch heute: der Marktplatz, über vier Hektar groß. Fortan herrschte reges Leben im Ort, ein buntes Bild, das sich an jedem Wochenende fortsetzt: Markttage auf dem größten Marktplatz der Bundesrepublik Deutschland.

Die Stadt Heide entwickelte sich zum wirtschaftlichen Mittelpunkt der südlichen Westküste. Handwerk, Handel und Gewerbe finden in der 23 000-Seelen-Stadt Raum für ihre Geschäfte.

Den Wert von Fußgängerzonen erkennend, wurden hier attraktive, verkehrsberuhigte Bereiche angelegt. Mit einer weiteren Abschwächung des Verkehrsstromes durch die Stadt rechnet man, wenn Anfang der neunziger Jahre die Westküstenautobahn A 23 Heide südlich umgeht.

Im Klaus-Groth-Museum und im Museum für Dithmarscher Vorgeschichte sowie dem angegliederten Heider Heimatmuseum finden sich zahlreiche Zeugnisse der ältesten und der jüngsten Geschichte des Westküstenkreises und seiner Kreisstadt Heide. Das Museum hat das Prädikat „einzigartig in Deutschland“ erhalten, und wer möchte, kann es den Steinzeitmenschen nachmachen: Museumswärter Heinz Domnowski lehrt Feuermachen mit Flintstein und Holzwolle oder zeigt die Herstellung von Steinzeitbeilen.

Dem Sport in der Kreisstadt dienen ein modernes Freizeithallenbad ebenso wie Sportstadien, Turn-, Kegel- und Tennishallen. Die Fichtenhain-Rennbahn erlebte ihre Blütezeit in den zwanziger und dreißiger Jahren, als hier Welt- und Deutsche Meister Autorennen fuhren. Spezialisten des Kraftfahrzeughandwerks werden in der Heider Kfz-Meisterlehrwerkstatt ausgebildet – ein Institut mit internationalem Ruf. Dem Schwerpunktkrankenhaus in Heide sind eine staatlich anerkannte Lehranstalt für medizinisch-technische Assistentinnen sowie eine Schwesternschule angeschlossen.

Südlich von Heide erstreckt sich auf flachem Feld die größte Raffinerie in Schleswig-Holstein. Vor mehr als 125 Jahren suchte ein Bauer Wasser und fand eine Erdölquelle. Die „Hölle“, wie die Raffinerie der ehemaligen Deutschen Erdöl-Aktiengesellschaft (DEA) anfangs genannt wurde, verfügt über einen gutfunktionierenden Besucherdienst, der Gästen Einblicke in die Erdölwirtschaft bietet.
(Abb. Seite 58)

St. Peter-Ording – von der „Sommerfrische“ zum Kurbad

Eine „Sommerfrische“ ist das Nordseebad St. Peter-Ording schon längst nicht mehr. Der elegante Kurdirektor von einst mit dem schneeweißen Anzug und dem steifen Kragen gehört zur Nostalgie. Statt dessen bestimmt kühles Management das Bild: Im St. Peter-Ording von heute pulsiert das Leben – für jeweils drei Sommermonate im Jahr erstickt das Bad förmlich im Massentourismus. 130 Millionen Mark erwirtschaftet der Fremdenverkehr im Jahr, 17 500 Fremdenbetten stehen bereit. 1983 zählte man 1,6 Millionen Übernachtungen.

Seit 1959 wurden vier Millionen therapeutische Anwendungen im Kurmittelhaus verabreicht. Mit der Rentenreform und der Öffnung der Kur- und Heilbäder für die Mitglieder der Sozialversicherungssysteme begann ein rasanter Boom. St. Peter-Ording blühte auf, Hochhäuser und Bettenburgen wuchsen in dem sonst verträumten und idyllischen Ort zwischen Dünen und Kiefernwäldchen in die Höhe. 3750 Einwohner zählte der Ort 1958, im Jahr 1984 waren es 5356. Dazu kommen 1100 Zweitwohnungsbesitzer, die hier ein Feriendomizil erworben haben.

Profitiert hat St. Peter-Ording nicht zuletzt durch eine verbesserte Verkehrsanbindung an die Ballungszentren des Binnenlandes. Das Eidersperrwerk, ein massiver Riegel aus Stahl und Beton im Mündungstrichter des größten schleswig-holsteinischen Flusses, verkürzt den Weg an die Küste um mehr als 30 Kilometer. Seit 1973, der Inbetriebnahme des großen Küstenschutzbauwerks, rollen in jedem Sommer Autolawinen an die sandigen Strände. Breite, ausgebaute Straßen sind dort entstanden, wo vor 30 Jahren noch von Hand gelegte, rote Klinkerchausseen den Gast in den Ortskern führten.

Groß ausgebaut worden ist auch das Therapiezentrum – Schwimmbad, Sauna und ein künstlich beheiztes Thermalbad gehören dazu.

Beschaulicher als in den Sommermonaten geht es im Winter zu. Nordseefreunde, die das rauhe Klima lieben und eher über falsche Bekleidung anstatt über unpassendes Wetter reden, finden dann Ruhe für ausgedehnte Wattwanderungen.

Die Idylle kennt aber auch die Kehrseite: Mit dem Massentourismus geht ein Ausverkauf der noch relativ intakten Naturräume einher. Die Unberührtheit ist dahin, der Reiz verloren. Und längst nicht mehr sind Sturmfluten und Hochwasser das Schreckgespenst der Küstenbewohner: Die von Jahr zu Jahr schlimmer werdende Nordseeverschmutzung, die „schleichende Ölpest“ mit Tausenden von sterbenden Seevögeln an den sonst schneeweißen Stränden und die hohen Schmutzfrachten in den Küstengewässern der Nordsee mahnen immer drohender zu rücksichtsvollem Umgang mit der Natur.
(Abb. Seite 60)

Helgoland – die rote Insel

Die Nordseeinsel Helgoland ist die kleinste der Nordfriesischen Inseln. Sie mißt mit ihrer Badedüne ganze 1,6 Quadratkilometer. Ihr roter Fels widerstand nicht nur den Angriffen der See, sondern auch dem der Menschen. Er überlebte den Angriff von 800 englischen Bombern kurz vor Kriegsende ebenso wie die verheerenden Sprengungen der unterirdischen Festungswerke 1948.

An die krause Geschichte der zum Untergang bestimmten Insel fügte sich erst nach der Freigabe 1952 ein neues Blatt. Unter die Verwendung des Eilands als Militärstützpunkt zog man endgültig einen Strich.

1714 hatten Dänen Helgoland als Bastion im Nordischen Krieg okkupiert. In den Wirren napoleonischer Eroberungen legte England 1807 die Hand darauf. Erst 1890 tauschte das Deutsche Reich die friesische Insel gegen Sansibar zurück. Zweimal erfolgte der Ausbau zur Festung, 1935 in gigantischen Ausmaßen. Das traurigste Kapitel wurde nach 1945 mit der Nutzung als Bombenübungsziel geschrieben. Als die „Hallunder" zurückkehrten, fanden sie eine Kraterlandschaft vor. Die Einsicht, daß der verlassene Fels für die Schiffahrt zur Gefahr wurde, zudem als Zufluchtsort unentbehrlich war, mag für die Freigabe bestimmend gewesen sein. Der frühere Flakleitstand, heute Leuchtturm, zeugt wie ein Mahnmal für jenen Neubeginn.

Der junge Ort entstand auf dem Reißtisch. Fischerhäuser, winkelige Gassen und wilhelminisches Selbstbewußtsein demonstrierende Hotels konnten und sollten keine Auferstehung feiern. Namhafte Architekten entwickelten ein Konzept für ein harmonisches, von freundlichen Farben geprägtes Ortsbild.

Anknüpfend an die Tradition des 1826 gegründeten Seebades, nach dem Rückgang des Hummerfanges und der Fischerei, wurde ein heiterer Charakter des Ortsbildes angestrebt. Im Versorgungsnetz sah man von Anfang an eine Fernheizung vor. Auf dem von der Marine aufgespülten Gelände entstanden moderne Kuranlagen als Pendant zur Badedüne. Ihren weißen Sand festzuhalten, ist ein Dauerproblem der Insulaner.

Fertiggestellt wurden zunächst die Bauten auf dem Unterland. Der spitze Turm von St. Nicolai überragt heute eine größere Gebäudezahl auf dem Oberland. 1926 Einwohner waren 1983 Gastgeber für 40 500 Kurgäste mit etwa 300 000 Übernachtungen. Weitere 500 000 Tagesausflügler steuerten Helgoland an. (Abb. Seite 61)

Leuchttürme – Wegweiser der Wasserstraßen

Auch im Meer gibt es Wasserstraßen. Die Leuchttürme sind die Wegweiser, die den Kurs zeigen, auf dem der Kapitän ungefährdet an den Sandbänken im Küstenbereich vorbeikommt. Nachts dampfen die Schiffe dann den Lichtstrahlen entlang in die Häfen. Der berühmteste Wegweiser an der deutschen Küste steht seit 100 Jahren vor der Mündung von Weser und Jade. Der „Rotesandleuchtturm" ist nicht umzuschmeißen, obwohl die Fachleute schon vor 25 Jahren seine Standfestigkeit bezweifelten und 1964 als Ersatz den noch heute futuristisch anmutenden Leuchtturm „Alte Weser" errichten ließen, der etwa zwei Meilen entfernt steht.

Die Entscheidung für den Neubau fiel relativ leicht, weil sich das Fahrwasser auch verlagert hatte, der Pickelhaubenturm keinen Komfort für die Leuchtturmwärter mehr bot und die neuen Radarantennen nur schwer zu installieren waren. Doch gerade an dem neuen Turm „Alte Weser" zeigt sich, wie schnell die Zeit voranschreitet: Die letzten Leuchtturmwärter haben schon vor zehn Jahren die komfortablen Rundzimmer verlassen, ihren Job übernahmen „Chips". Nun dreht sich über den leeren Leuchtturmwärterwohnungen die Radarantenne und alle anderen technischen Anlagen automatisch.

Was der Lichtstrahl der Leuchttürme nicht vermag, die Schiffe auch bei Nebel und am Tag zu leiten, das übernimmt heute die Radartechnik. Sie hat bewirkt, daß die Zahl der Kollisionen vor der deutschen Küste drastisch gesunken ist. Vom Leuchtturm „Alte Weser" können die Kapitäne nun 100 Kilometer auf der Weser landeinwärts fahren und dabei sicher sein, daß ihr Kurs von den Radarlotsen in Bremerhaven auf deren Bildschirmen verfolgt wird. Dieser Kurs führt vor dem Wurster Watt auch an zwei Leuchttürmen vorbei, die ihr Licht längst nicht mehr leuchten lassen. Dazu zählt auch der Turm auf der Sandbank Meyerslegde. Er steht schon seit 1923 ungenutzt, weil sich das Fahrwasser hier verlagert hatte.

Als die Leuchtturmwärter auszogen, kamen neue Bewohner – erst die Möwen, dann die Kormorane. Sie sorgten dafür, daß das Bauwerk heute nicht unter Denkmalschutz, sondern unter Naturschutz steht.

Bremerhaven – das Tor zur „Neuen Welt“

Deutschlands tränenreichste Ecke lag vor 25 Jahren noch im Winkel zwischen Columbuskaje und Kaiserschleuse vor dem Rundbau des Bahnhofs am Meer in Bremerhaven. Hier kullerten die Tränen der Auswanderer, wenn sie Abschied von der „Alten Welt“ nahmen und mit der „Bremen“ des Norddeutschen Lloyd oder der „United States“ der US Lines die Piers von Hoboken in New York ansteuerten.

Doch die Auswandererwelle in die USA verebbte, und die Jumbo-Jets jagten den Luxuslinern auch das zahlungskräftige Reisepublikum der ersten Klasse ab. So verkaufte der Norddeutsche Lloyd die „Bremen“. Unter griechischer Flagge drehte sie noch einige Runden, bevor sie als Gastarbeiterschiff im Mittleren Osten vergammelte und bei der Überführung zum Schrottplatz in den Fernen Osten versank. Im Bildvordergrund ist die „Amerika“ zu sehen, dahinter liegt die „Bremen“.

Die Columbuskaje aber hat sich inzwischen gewandelt. Statt des romantischen Bahnhofs am Meer dehnt sich hier nun ein breiter Schuppen mit einer Stückgutumschlaganlage aus. Weiter hinten in einem Hafenbecken wird gerade die ehemalige „France“ zum Kreuzfahrtschiff „Norway“ umgerüstet.

Etwas weiter stromab steht aber noch immer die schon vor 25 Jahren errichtete neue Fahrgastanlage, die heute von Kreuzlinern angelaufen wird. Von hier aus starten für Urlauber im Sommer etwa 60 Schiffsreisen. Auch mit der „Europa“, der Nachfolgerin der „Bremen“.

Wenn die „Bremen“ damals von der Columbuskaje ablegte und die Zufahrt zur Nordschleuse passierte (im Foto hinten), sahen die Passagiere, wie sich hinter der Mole am Ufer Schlick, Sand und Schilf ausbreitete. Auf dieser Einöde ist in den letzten 15 Jahren Europas größter geschlossener Containerterminal entstanden. Tränen sind hier auch vergossen worden – aber nur von den Badenixen, die an dieser Stelle ihr geliebtes Strandbad verloren. (Abb. Seite 64)

Harlesiel – damals und heute

Damals (vor etwa 30 Jahren) wurde die Infrastruktur im nördlichen Teil Carolinensiels erheblich verändert. Durch die Eindeichung des Schwerinsgrodens und durch die Fertigstellung des Schöpfwerkes zur Entwässerung des Binnenlandes wurde der Grundstein für eine Erweiterung der Ortschaft Carolinensiel gelegt. Betrachten wir das damalige Bild, ausgehend von Süd nach Nord, so kam zuerst Carolinensiel mit seinem Frachtschiffhafen, dann die Friedrichsschleuse und letztendlich die Umschlag- und Verladestelle, gleichzeitig Anleger für die Personenverschiffung nach Wangerooge. Mit der Eindeichung wurden damals auch die Voraussetzungen für die Erstellung des Binnenhafens und des neuen Wohngebietes „Am Harlesiel“ und „Am Yachthafen“ geschaffen. Das erschlossene Land und der vor dem Deich liegende Strand förderten die Anfänge des Fremdenverkehrs.

Heute ist durch die Gebiets- und Verwaltungsreform und die 30jährige Aufbauarbeit das Nordseebad Carolinensiel-Harlesiel entstanden. Carolinensiel-Harlesiel bietet heute den Urlaubern einen großen Campingplatz mit Sandstrand und beheiztem Schwimmbad an. Gleichzeitig ist im Jahre 1980 ein „Haus des Gastes“ mit verschiedenen Einrichtungen (medizinische Bäderabteilung, Hallen-Solebad, Sauna, Solarium, Cafeteria) eingeweiht worden. Mit ca. 200 Zweitwohnhäusern und ingesamt 3000 Betten ist Carolinensiel-Harlesiel eines der bekanntesten Nordseebäder an der südlichen Nordsee. Auch das Angebot auf dem Sektor Gewerbe und Handel entwickelte sich so, daß man fast das Niveau einer kleinen Stadt erreicht hat. Im Jahre 1983 wurde ein Sielhafenmuseum eröffnet, in dem die alte Schiffahrtskultur ausgestellt wird. Der jetzt erstellte neue Hafen Harlesiel ist ein Versorgungshafen für Wangerooge und gleichzeitig Heimathafen für 13 Fischkutter. Den vorläufigen Schlußpunkt dieser stets fortschreitenden Entwicklung bildet die staatliche Anerkennung des Nordseebades Carolinensiel mit seinen Ortsteilen Friedrichsschleuse und Harlesiel am 1. Mai 1983.
(Abb. Seite 66)

Norden-Norddeich

Vor uns liegt ein kleiner Ausschnitt des staatlich anerkannten Nordseebades Norddeich aus den Jahren 1964 und 1979. Norddeich, bekannt als Fähr-, Versorgungs- und Entsorgungshafen für die Ostfriesischen Inseln Juist, Norderney und Baltrum, war bis 1972, bis zur Eingemeindung in die Stadt Norden, ein Ortsteil der Lintelermarsch. Norddeich, ältestes Küstenbad an der ostfriesischen Küste, entwickelte sich von der privat betriebenen Badeanstalt zum staatlich anerkannten Nordseebad (1979) mit 6000 Fremdenbetten in Hotels, Pensionen, Ferienhäusern und -wohnungen. Die Gemeinde Lintelermarsch in Verbindung mit dem früheren Landkreis Norden, der Planungsverband Norden-Norddeich (1970–1973) und die Stadt Norden stellten eine Vielzahl von Bebauungsplänen auf, um die Attraktivität des Ortsteils zu heben. Vorläufiger Abschluß dieser strukturellen Maßnahmen bildet der Flächennutzungsplan von 1981. Die Bemühungen der Kurverwaltung fanden im Neubau des Meerwasser-Hallenwellenbades mit allen Kureinrichtungen, der Anlage von großen Parkflächen und der Verlegung des Campingplatzes ihren Abschluß.

Die Aufnahme von 1964 zeigt am unteren Bildrand einen anderen kleinen Campingplatz. Auf dem Deich ist das ehemalige Gebäude des Badevereins sowie vor dem Deich das tidefreie Badebecken erkennbar. Die Mole mit Fähranleger und der Osthafen für Fischerei-, Fracht- und Sportschiffahrt schließen sich an. Landeinwärts sind Stellflächen für die Autos der Inselbesucher zu sehen. Durchschnitten wird das Bild von der B 70. Im unteren Bilddrittel sind die ersten Neubauten an der Strandstraße zu erkennen.

Die Aufnahme von 1979 zeigt an der Strandstraße in der Bildmitte eine geschlossene Bebauung. Am rechten Bildrand ein Teil der Ferienhaussiedlung, in Richtung Deich ein großer Campingplatz. Außerhalb des Landesschutzdeiches der 14 Hektar große Sand- und Grünstrand mit dem 4000 Quadratmeter großen Meerwasserbad und dem „Haus des Gastes“. Östlich davon schiebt sich die erste Spundwand für den zwischenzeitlich fertiggestellten West-(Sportboot-)hafen ins Watt. (Abb. Seite 68)

Emden – ein Opfer des Krieges

Die Abbildungen zeigen den Innenstadtbereich der Seehafenstadt Emden von Westen gesehen und vermitteln einen Eindruck der Situation vor knapp 30 Jahren und heute – im August 1984.

Der Stadtkörper ist gegliedert durch die Wasserräume von Ratsdelft, Falderndelft und dem breiten Verbindungsteil (rechts) zum Emder Hafenareal, das sich im Süden anschließt. Das frühere Erscheinungsbild aus der Mitte der fünfziger Jahre läßt im Vordergrund eine Reihe von erhaltengebliebenen Gebäuden erkennen: Amtsgericht, Höhere Töchterschule, Commerzbank, Landeszentralbank, Handelshof u.a. – Bauten aus der Zeit vor dem Ersten Weltkrieg. Im eigentlichen Altstadtbereich, der nach dem schweren Luftangriff am 6. September 1944 nahezu völlig zerstört wurde, bestimmen nun die ersten Zeugnisse des Wiederaufbaus, zwei- bis dreigeschossige Wohn-Reihenhäuser, das Bild.

Noch spiegelt sich die Ruine des Rathauses in den Wassern des Ratsdelftes, noch ist die stadtgestalterisch akzentuierende Bebauung auf Schreyers Hoek – der Halbinsel zwischen Rats- und Falderndelft – nicht begonnen worden.

Von 10 200 Wohnungen waren im Zweiten Weltkrieg 7700 zerstört (84 Prozent der Läden und Lagerhäuser, 56 Prozent der öffentlichen Gebäude, 55 Prozent der Industrie- und gewerblichen Betriebe, auch die Große Kirche von 1240 mit ihrem Chor von 1455 bis 1500, die als Ruine stehengeblieben ist).

In zwölfeinhalb Jahren nach 1945 waren wieder 9000 Wohnungen mit erheblichen Zuschüssen gebaut worden: Im Jahrzehnt von 1951 bis 1961 erhielt Emden für den Wohnungsbau rund 30 Millionen Mark Landesmittel und 10 Millionen Mark aus dem Lastenausgleich als Hilfe für den Bau von 6000 Wohnungen.

Im Innenstadtbereich sind in den vergangenen 25 Jahren durch den Bau von Wohnungen, Geschäftshäusern und Verwaltungsgebäuden – alles in Backsteinbauweise – fast die Lücken geschlossen. Den eigentlichen Abschluß der einmaligen Wiederaufbauleistung der Emder Bürger aber bedeutete die Wiedererrichtung des Emder Rathauses als Wahrzeichen der Stadt am Nordende des Ratsdelftes. Auf den Fundamenten des 1574/76 nach dem Vorbild des Antwerpener Rathauses gestalteten Renaissancebaus wurde in drei Jahren (1959–1962) von dem Bremer Architekten Bernhard Wessel eine Stätte zur Begegnung mit der Geschichte der Seehafenstadt Emden geschaffen, als Sitz des Ostfriesischen Landesmuseums (60 000–70 000 Besucher im Jahr), der Emder Rüstkammer, der bedeutendsten städtischen Waffensammlung Deutschlands, des Emder Stadtarchivs und der Stadtbibliothek.

Den gleichen kulturellen Auftrag hat das „Pelzerhaus“, einziges erhalten gebliebenes Renaissance-Bürgerhaus auf der Emder Warf. Das seit dem 2. August 1984 im Ratsdelft liegende Museumsschiff soll den maritimen Anspruch im innerstädtischen Gebiet deutlich werden lassen, das überdies durch eine Kunsthalle der Henri-Nannen-Stiftung 1985 wesentlich bereichert wird.

Im Mai des Jahres 1945 lebten im inneren Altstadtbereich nur noch 3500 Menschen, am 1. Dezember 1956 zählte Emden 43 000 Einwohner, im Jahre 1984 51 000. Die Basis für diese Entwicklung sind vornehmlich Schiffbau, Automobilbau und die unterschiedlichen Funktionen der Hafenbetriebe. Die wichtigste Stütze des Wirtschaftslebens für Emden und die angrenzenden Räume ist das 1964 gebaute Volkswagenwerk, in dem heute mehr als 9200 Beschäftigte arbeiten. (Abb. Seite 70)

Oldenburg – die menschliche Großstadt

Die Gegenüberstellung der beiden Luftbilder, die den innerstädtischen Bereich Oldenburgs im Abstand von ungefähr dreißig Jahren zeigen, verdeutlicht: Hier hat sich ein Wandel von der Stadt zur Großstadt vollzogen. Nach 1945 kamen weit über 40 000 Vertriebene und Flüchtlinge nach Oldenburg, das bis in die Gegenwart eine wachsende Stadt geblieben ist. In den vergangenen Jahren wurde die Einwohnerzahl von 140 000 erreicht, während andere Städte ausbluteten. Stadt und Innenstadt sind von den Kämpfen und Bombenangriffen des Zweiten Weltkrieges verschont geblieben. Dies läßt sich noch heute an dem historisch intakten Stadtbild ablesen. Der Oldenburger Fußgängerbereich ist 1967 auf dem Grundriß der spätmittelalterlichen Stadt errichtet worden – eine städtebauliche Maßnahme, die die historische Substanz Oldenburgs erhalten hat. Oldenburg ist heute der wirtschaftliche, kulturelle und administrative Mittelpunkt der Weser-Ems-Region (Regierungsbezirk); große Verwaltungen und Dienstleistungsunternehmen haben daher hier ihren Sitz. Diese Entwicklung, die sich baulich in erster Linie im Bahnhofsviertel und am südöstlichen Rand der City vollzogen hat, läßt sich an der Skyline der modernen Verwaltungsgebäude deutlich ablesen.

Wachstum hat auch der Oldenburger Hafen – im Volksmund „Stau" genannt – zu verzeichnen. Er hat sich in den vergangenen Jahrzehnten hunteabwärts ausgedehnt. Als umschlagsstärkster Binnenhafen Niedersachsens kann er seit Jahren seine Spitzenstellung halten. Seine günstige Lage verdankt er der Binnenwasserstraße Küstenkanal und der Seewasserstraße Hunte, die hier zusammentreffen.

Bis 1979 gehörte die Amalienbrücke, eine Hubbrücke, zu den wenigen Hindernissen, die sich in Oldenburg dem ständig wachsenden Strom des motorisierten Verkehrs in den Weg stellten. Mit der neuen Amalienbrücke, einer Hochbrücke, wurde eine architektonisch ansprechende Lösung gefunden, die in Fachkreisen Aufsehen erregte und eine leistungsfähige Anbindung der südlichen und östlichen Stadtteile an die City garantiert. Geprägt aber ist Oldenburg durch seine attraktive und lebendige Innenstadt, die die Funktionen eines überregionalen Einkaufs- und Verwaltungszentrums mit denen eines kulturellen, urbanen Treffpunktes vereint. Dies mögen einige der Gründe sein, warum Oldenburg bei dem vielbeachteten Städtetest einer deutschen Illustrierten den ersten Platz belegen konnte. Oldenburg ist eine Großstadt, die sich menschliche Maßstäbe bewahren konnte, wie gerade auch die Gegenüberstellung der Luftbilder aus verschiedenen Jahrzehnten zeigt. (Abb. Seite 72)

Bremen rund um den Hauptbahnhof

Der Krieg hatte zugeschlagen. In der Innenstadt und in der Umgebung des Bremer Hauptbahnhofs klafften große Lücken, und Provisorien entstanden. Der erst nach und nach wieder einsetzende Verkehr sickerte gemütlich durch die Straßen; es gab genug Parkplätze auf Trümmergrundstücken, und hinter dem Hauptbahnhof ließ die „grüne Wiese“ vor dem Bürgerpark kaum ahnen, daß hier Jahrzente später Zehntausende in eine Stadthalle und eine Eishalle strömen würden. Hotels waren zerstört, Restaurants in Schutt und Asche, viel hatte Bremen hier nicht zu bieten . . .

Die Planer stürzten sich in Hektik, der Aufbau begann, Bremen träumte sogar von einer U-Bahn, die nahe dem Hauptbahnhof ihre erste Station haben sollte. Bei diesem Traum ist es geblieben, Realität ist nicht in Sicht. Diese Ideen verschwanden wieder in den Schubladen des Bauressorts, doch anderes verwirklichte sich unter den schiefen Blicken der Hanseaten – just hier entstanden „Hochhäuser“, die den Blick auf die Domtürme verstellten. Geschäfts- und Verwaltungsgebäude wurden hochgezogen, Hotels umgaben wieder traditionell den Bahnhofsvorplatz.

Am Bildrand links deutlich zu sehen: der jahrelang hochumstrittene Bau des „CP Plaza“, Einweihung 1985. Auf diesem Grundstück wurde das legendäre Hotel „Hillmann“ zerstört, später entstand in Nachkriegstagen ein flacher Bau, der ein Café und Geschäfte aufnahm, von den Bremern und ihren Gästen eifrig besucht – in Erinnerung an diese Zeit soll die noble Ladenpassage des ebenso noblen „Plaza“ den Namen „Hillmann“ tragen. Die Verkehrsdichte in diesem Quartier nahm beängstigend zu, Parkplätze wurden rar, das erste Parkhochhaus entstand – und der Plan einer Hochstraße beschäftigte heftig die Gemüter der Hanseaten, die so viel „Neumodisches“ nicht gut verdauten. Sie wurde gebaut, entlastet die Verkehrsströme der langgestreckten Stadt und war der Beginn weiterer „Fly-over“, die jetzt in ihrem Anschluß entstehen.

Die nahe Hauptpost hätte beinahe das Schicksal ereilt, abgerissen zu werden. Proteste hatten Erfolg, es wird lediglich „behutsam“ umgebaut. Die größten Veränderungen zeigen sich hinter dem Hauptbahnhof – hier wurde das große Areal, auf dem zweimal im Jahr mit der „Osterwiese“ und dem ungleich größeren Volksfest, dem „Bremer Freimarkt“, eine bunte Budenstadt entsteht, als Bürgerweide gepflastert. Der Mehrzweckbau der „Stadthalle“ entstand – und bis heute ist die Anerkennung und Kritik über den „Betonklotz“ nicht verebbt. Dennoch lockt allein das erfolgreiche Sechstagerennen jährlich Menschenmassen an. Um die Halle soll ein Veranstaltungszentrum entstehen: Die Eislaufhalle wurde gerade eingeweiht, Weiteres soll folgen. (Abb. Seite 74)

Bremen – Autobahnkreuz

Kühne Architektur – elegant auf den Boden geschrieben. Planung für die Zukunft, sagen die einen – Landschaftsverschandelung die anderen. Doch darüber dachte man damals noch nicht nach, als Schleifen gelegt wurden, An- und Abfahrten, Verteiler nach Hamburg und in das Ruhrgebiet. Es war weitsichtig, das ist nun unbestritten . . . Der Mahndorfer See und viel Wiesengrün – damals. Äcker und Felder. Doch in den Köpfen der Planer wurde bereits an Erweiterungen gedacht. Diese Stadt würde aus den Nähten platzen, es mußte Wohnraum entstehen und mit ihm neues Gewerbegebiet. Das Bremer Kreuz sollte auch garantieren, daß alles gedeihen würde . . . dachte man.

Die Autostöme fließen inzwischen – und sehr oft auch an Bremen vorbei. Und an den geraden Betonbahnen entstanden Wohngebiete, die abgeschirmt werden mußten gegen den Lärm. Doch es wuchsen auch Bäume.

Das Gewerbegebiet Bremer Kreuz entstand – zögernder, als die Planer erhofft hatten, doch es wurde gebaut, und manche Firma ist heute hochzufrieden, damals zugegriffen zu haben.

Auf dem Weg zum Bremer Kreuz: Bremens „Manhattan“, ungeliebte Skyline eines weitläufigen Wohngebietes, das zu groß angelegt wurde – und zu eng. Hoch oben in ihren kleinen Wohnungen, auf den winzigen Balkons sehen die Menschen auf die Autobahn, die sie abschneidet von der Wiesenweite, und mancher hat es nicht länger ertragen. Denken wir dennoch positiv! Das Bremer Kreuz – nicht nur ein „Kreuz“ – schuf in einer Zeit Voraussetzungen für die Zukunft, als noch keiner zu hoffen wagte, daß Bremen wirklich wieder „Anschluß“ finden würde. Ganz in der Nähe: Radio Bremens Fernseh-Studios, nicht so unbedeutend, wie die „Großen“ im Konzert der Medien gerne glauben wollen. TV-Filme und Programme kommen hier aus den hochmodern ausgestatteten Studios; der „Musikladen“ machte TV-Geschichte und ging (geht immer noch) um die Welt . . .

Wer aber dachte beim Bau dieses Verkehrskreuzes daran, daß hier jemals eine Beschränkung der Geschwindigkeit die Gemüter gewaltig erhitzen würde – im Autobahngebiet, das Bremen berührt, darf nur mit 120 Stundenkilometern gefahren werden. Basta! Die Geister, die Bremen rief, sollen jetzt Rücksicht nehmen auf jene, die damals nur auf dem Papier lebten. Ohne Lärmprobleme. (Abb. Seite 76)

Das Mindener Kreuz: Wasser über Wasser

Keiner sollte sagen, daß es mit dem Verkehr bei der Stadt Minden „drunter und drüber“ gehe! Und doch stimmt es; denn tatsächlich führt hier eine große Brücke Wasser über Wasser, Schiffe über Schiffe und sogar Schiffe über Autos!

Doch was sich derart als verkehrstechnisches Verwirrspiel darstellt, ist in Wirklichkeit die grandiose Lösung eines Problems neuzeitlicher Verkehrsführung. Hier, nur ein paar Kilometer stromabwärts von der Porta Westfalica, am Rande von Minden, wird der Mittellandkanal auf einer „nassen“ Brücke von 375 Metern Länge über die Weser geführt. Und so können Schiffer aus einer Höhe von 13 Metern über dem Weserspiegel gewissermaßen „von Bord zu Bord“ ihren Kollegen zuwinken, die unter ihnen hinweg den alten Strom befahren. Und sie können auch, falls ihnen danach sein sollte, gleich nebenan den Autofahrern aufs Dach spucken, während sie über die Straße hinweggleiten, die das erhöhte Kanalbett unterquert.

Mehr noch: Eine gewaltige Schleusenanlage verbindet Kanal und Weser und damit den Kanalhafen von Minden mit seinem alten Weserhafen, so daß die alte Stadt zum bedeutendsten und größten Binnenhafenplatz an der Weser wurde.

Die beiden Luftaufnahmen zeigen die Kanalüberquerung ziemlich genau im gleichen Blickwinkel, doch im Abstand von fast 20 Jahren. Sie unterscheiden sich, was die technische Großanlage angeht, kaum. Was hier einmal geschaffen war, war wohlbedacht.

Auch sonst muß man schon sehr genau hinsehen, wenn man Veränderungen entdecken will. Die bedeutendste Veränderung stellt sich uns in der großen Straßenbrücke dar, die heute oberhalb der Kanalbrücke die Weser überschreitet und am Stadtrand in ein modernes Straßenkreuz mündet. Zwischen beiden Brücken hat, auf dem rechten Weserufer, vor allem die Industriebebauung ein neues Gesicht bekommen, während sich auf dem linken Ufer, dem Industriekomplex gegenüber, offensichtlich ein Wassersportverein ansiedelte. (Abb. Seite 78)

Hannover – Hauptbahnhof und Bahnhofsstraße

Auch heute noch trifft man sich in Hannover, wenn man verabredet ist, gerne „unterm Schwanz“. Unterm Schwanz des schönen Reiterstandbildes nämlich, das die Hannoveraner ihrem letzten König, Georg August, vor ihrem Hauptbahnhof errichteten. Es geschah in einer Zeit, als allüberall in Deutschland mit dem neuen Eisenbahnsystem auch die Bahnhöfe entstanden und mit ihnen auch jene Bahnhofsviertel, die den Stadtbildern an der Peripherie der alten Siedlungskerne so etwas wie neue, zweite Zentren schufen.

Der hannöversche Hauptbahnhof mit seinem denkmalgeschmückten Bahnhofsvorplatz und der Bahnhofsstraße gehört zu den eindrucksvollsten städtebaulichen Leistungen des 19. Jahrhunderts.

Auch wenn die schrecklichen Zerstörungen des Zweiten Weltkriegs das Gesicht der alten Landeshauptstadt vielfach radikal veränderten: Das weite Halbrund des Bahnhofsplatzes, die klassizistische Bahnhofsfassade und die darauf zuführende Bahnhofsstraße blieben bis heute im wesentlichen so erhalten, wie sie einmal der große Stadterneuerer G. F. Laves entworfen hatte.

Die beiden Luftbilder zeigen freilich auch, daß der Wiederaufbau Hannovers in der Nachkriegszeit schließlich im einzelnen doch zu Veränderungen führte. So verschwand die Eckreihe von Einzelhäusern zugunsten eines großen, geschlossenen Kaufhausblockes. Und die Bahnhofsstraße erhielt, zur „verkehrsberuhigten Zone“ erhoben, nunmehr eine zweite, unterirdische Ebene mit Ladengeschäften und freier Passage bis hin zum Bahnhof – die rasch berühmt gewordene „Passerelle“.

Eine Anpassung an die Bedürfnisse einer neuen Zeit, die – auch von oben betrachtet – beweist, daß neue Lösungen der städtebaulichen Probleme durchaus nicht immer auch die altgewachsenen städtischen Strukturen, und damit das altgewohnte Gesicht einer Stadt, zerstören müssen.

Gerade Hannover, eine der am schwersten zerstörten alten Städte Deutschlands, bewies dies mit seinem Wiederaufbau nach 1945 unter der Leitung des modernen Stadtplaners R. Hillebrecht. Das Bahnhofsviertel ist nur ein Beispiel für viele andere in der Leinestadt. (Abb. Seite 80)

Lüneburg – Reichtum, auf Salz gebaut

Auf Sand gebaut" zu haben gilt im sprichwörtlichen Sinne als Fehlschlag zufolge mangelnder Solidität des Baugrundes. Die Lüneburger hingegen haben zwar ihren Marktplatz den „Sand" genannt, aber ihre Stadt haben sie auf Salz gebaut. Und das war, wie sich noch heute erweist, eine grundsolide Investition.

Lüneburgs Wohlstand beruhte viele Jahrhunderte lang im buchstäblichen Sinne auf jenen Salzlagern, die sich unter seinen Mauern erstreckten. Salzgewinnung hatte, solange das Mittelalter währte, einen goldenen Boden. Die wunderschöne Heide- und Hansestadt kann bis heute ihr Lied davon singen.

Aber auch ihr Leid. Zum einen nämlich wurde im Laufe der Zeiten das bittere Mineral immer billiger. Zum anderen gruben die Lüneburger sich selber den Boden ab, auf dem sie ihre Stadt so prächtig errichtet hatten, indem sie immer mehr Sole aus der Tiefe in die Pfannen ihrer Salzsieder schöpften. Die Folge war, daß die salzentleerten Klüfte in Bewegung gerieten. Straßen wurden immer buckeliger. Manche schöne Fassade aus Gotik und Barock geriet ins Wanken. Einige Häuser mußten schließlich abgetragen werden.

Per saldo indessen blieb die Stadt so schön, wie sie ihr salzgesottener Wohlstand einmal gemacht hatte. Beide Luftaufnahmen können davon freilich nur den großen Rahmen zeigen: das edle Rechteck der tausendjährigen Stadtgestalt mit dem Dächergewirr, den Kirchen und dem Grüngürtel der alten Befestigungen. Sie zeigen auch, wie die neuen Stadtteile Lüneburgs in respektvoller Distanz zur Altstadt gewachsen sind.

Um auf das Salz zurückzukommen: Es spielt auch heute noch in Lüneburg eine bedeutende Rolle. Seine heilenden Kräfte kommen jetzt Kranken zugute, die in dem anerkannten Solbad Lüneburg Genesung suchen. Wie immer man also die Sache – und unsere Bilder – betrachtet: Daß die Lüneburger vor 1000 Jahren darangingen, ihre Stadt und ihren Reichtum „auf Salz zu bauen", war, alles in allem genommen, eine kluge Entscheidung. Für sie selber und für alle, die sich auch heute noch an ihrem alten Reichtum freuen können. (Abb. Seite 82)

Maschen: Rangier-Großanlage der Bundesbahn

Kein Industriewerk und auch keine noch so klar gegliederte, moderne Hafenanlage vermag die vom Menschen geschaffene Gegen-Natur derart sichtbar werden zu lassen wie der Vogelschaublick auf dieses riesige Güterbahn-Verschiebe-Gelände.

Wo einmal seit Urzeiten ein weitgestrecktes Feuchtwiesen-Areal gewesen war, bei dem Dorf Maschen, vor der Hansestadt Hamburg, gingen eines Tages Baumaschinen ans Werk, dieses Stück vorgefundener Welt zu neuen Zwecken umzurüsten. Es geschah dies – natürlich – nach lang erarbeiteten Plänen, mit denen alles, was zu geschehen hatte, sorgfältig erwogen und ermessen worden war. Und es genügte zu seiner Verwirklichung, daß alles Ermessene und Erwogene, so wie die Planzeichner es schließlich aufs Papier gezirkelt hatten, nun endlich auch in seinen vorgesehenen Dimensionen in die Realität der Landschaft übertragen wurde. Und zwar Schritt für Schritt.

So zeigt also unser erstes Bild in etwa das erreichte erste Baustadium: Ein erster Schienenfächer zeichnet sich ab. Bereits funktionsfähig, wie die Wagenreihen beweisen, die sich über die verschiedenen Stränge verteilen. Aber eben doch nur als Vorstufe zu dem Systemganzen, das uns das zweite Luftbild zeigt. Erst dieses Ganze ist geeignet, auch die vollen Zwecke zu erfüllen, die der Plan von ihm erwartete. Gleise und Weichen, Ablaufberge und Bremsstrecken gehorchen jetzt einem elektronischen Leitsystem, das nach einem abstrakten Plan alle Bewegungen regelt. Die zielgerichtete Nutzung von Naturgesetzen ließ am Ende eine Naturlandschaft zum nützlichen Plangelände erstarren und gab ihr schließlich sogar auch eine seltsam anmutende, neue Schönheit.
(Abb. Seite 84)

Für die erläuternden Texte zu den Bildern danken wir folgenden Autoren:

Johannes Altmeppen
- Kraftwerk Wedel
- Pumpspeicherwerk Geesthacht

Helmut Eichhorn
- Emden

Thomas Grade
- Oldenburg

Kurt Heinrich Hansen
- Stade
- Hamburg: St. Michaeliskirche
- Rathausmarkt
- Barmbek
- Hafen
- Elbchaussee
- Stillhorn

Jan Herchenröder
- Lübeck
- Niendorf
- Timmendorfer Strand
- Travemünde

Hans H. Hermann
- Hannover-Hauptbahnhof
- Lüneburg
- Mindener Kreuz
- Maschen – Rangiergroßanlage
- Elbmarschen

Thomas Lange
- Kiel
- Schilksee
- Schleswig
- Itzehoe
- Eckernförde
- Rendsburg

Franz Lohwasser
- Burgtiefe
- Heiligenhafen
- Grömitz
- Fehmarnsundbrücke

Gustav Müller
- Harlesiel

Carla Petersen
- Helgoland
- Westerland
- Hallig Hooge

Peter Steinhagen
- Brunsbüttel
- St. Peter-Ording
- Heide

Christof Stöver
- Norden-Norddeich

Heinz-Werner Stürzer
- Bremerhaven
- Leuchttürme

Margot Walter
- Bremen-Hauptbahnhof
- Bremen Autobahnkreuz

Sämtliche Aufnahmen wurden freigegeben durch das Luftamt Hamburg unter folgenden Nummern:

	historisch	neu
Hamburg Michel	400023	931/84
Hamburg Elbchaussee	400018	931/84
Hamburg Stillhorn	609604	931/84
Hamburg Barmbek	406385	931/84
Hamburg Rathaus	3906/78	992/82
Hamburg Köhlbrand	2500/68	1013/84
Osten / Oste	189576	939/84
Eckernförde	406412	1009/84
Grömitz	401670	932/84
Lüneburg	400309	1142/81
Heide	400515	1011/84
Brunsbüttel	402744	937/84
Lübeck	405960	557/66
Bremen Bahnhof	400868	936/84
Niendorf	64066	933/84
Timmendorf	401652	933/84
Geesthacht	410597	71/77
Schleswig	403671	1010/84
Rendsburg	409665	934/84
Hannover	472766	5086/78
Wedel	409689	376/82
Kiel	406553	841/84
Heiligenhafen	402405	713/84
St. Peter	409952	938/84
Leuchttürme	4659/78	63/67
Helgoland	408534	2456/69
Burgtiefe	408425	991/77
Weserkreuz Minden	3439/66	1846/77
Fehmarnsundbrücke	409643	2849/66
Bremerhaven	411331	471/82
Norddeich	413167	4679/78
Travemünde	578/66	1148/80
Kiel-Schilksee	2622/66	4290/78
Itzehoe	70/77	935/84
Maschen	1186/73	2799/79
Stade	618/76	4662/78
Westerland	411562	435/82
Oldenburg	402157	1026/84
Harlesiel	408921	941/84
Emden	401893	1027/84
Mühle bei Twielenfleth	400518	944/84
Hallig Hooge	975/77	975/77

Aufnahmen Deutsche Luftbild W. Seelmann & Co., Hamburg
Fotograf Bernhard Lisson

Noch mehr Norddeutschland aus der Luft

Vorwort von Kurt Heinrich Hansen.
120 Seiten mit 46 farbigen Abbildungen
ISBN 3-7672-0384-7

Norddeutschlands Küsten und Länder, seine Städte und Flüsse in ihrer zeitlosen Weite, zugleich aber ihrer anheimelnden, von Wäldern, Wiesen und Seen belebten »Gemütlichkeit« von oben, aus der Perspektive der »schreienden Möwen« zu sehen ist von einem besonderen Reiz. Den Fotografien von Dieter Seelmann ist das ebenso zu verdanken wie dem erzählenden Text von Siegfried Lenz.

96 Seiten mit 74 farbigen Abbildungen, mit Bildtexten in Deutsch und Englisch.
ISBN 3-7672-0641-2

Himmel, Wolken, weites Land – das ist Norddeutschland elbe- und weserabwärts von Hoya und Hannover bis zur Nord- und Ostsee. Siegfried Lenz und Dieter Seelmann haben diese abwechslungsreiche, reizvolle Landschaft, in der sie selbst zu Hause sind, in einer Cessna überflogen und mit der Kamera festgehalten.